浜松
企業家列伝

巻頭あいさつ

「浜松」は自他ともに認める「モノづくりの街」である。未知の世界に挑む「やらまいか精神」の気風で、日本を代表するあまたのメーカーを輩出し「モノづくりの聖地」と呼ばれることもある。新幹線や東名高速道路も早くから整備されるなど、利便性に優れた立地にも恵まれて着実な発展を遂げてきた。しかし、工業統計調査の速報によれば、2011年の浜松市の製造品出荷額は約2兆円で、過去ピークであったリーマンショック前2007年の3兆2千億円に比較すると4割以上も落ち込み、事業所数も減少の一途を辿るなど、かつて誇った地域の勢いは翳りをみせていることは否定できない。

ただ、この「浜松物語」にあるように、いまも、多くの企業家の皆様が、たとえ、どんなに厳しい環境におかれようと、常に前を向き、ほとばしる熱い想いで新たな挑戦を続け、明るい未来を切り拓こうとしており、危機感はあっても決して悲観はしていない。

多様な業種が集積するとともに、他地域からの人材も寛容に受け入れようとする風土が厳然として存在する浜松は、「モノづくり」の力を機軸とし、様々な企業、人材が化学反応を起こしながら、必ずや、さらに魅力ある都市へと変貌を遂げていくものと確信している。

浜松信用金庫　理事長　御室健一郎

やらまいか総論

楽しくなければ企業ではない

浜松の「やらまいか」には、「楽しい」という響きがある。米国西海岸にかつて駐在した筆者は、シリコンバレーの企業家や技術者たちが遊び心にあふれていたことを思い出す。

本書登場のリーダーたちの発言録から拾うと、「何でもチャレンジ」「たとえ失敗してもかまわない」「自分たちの世界をつくる」「常に新しいものを提案」「技術は『悦』と『信』」「社員全員がリーダー」「社員が感動を共有」「弱いものいじめをするな」「社員の夢を社旗に書く」とわくわく感満載だ。

地元出身に限らずよそからも多様な人材が集まり、経営者も社員も技術者も生き生きと育っていく様子が見て取れる。

問題は、やらまいか精神が今後も衰える心配はないか、ということで、スズキの鈴木修会長はじめ気にされている。

反面教師になるのが、東芝だ。

経営トップは部下たちに利益を出せと脅しつける。財界の頂点を極めるという野望のためだ。重苦しく、白けた空気が社内に漂い、楽しく挑戦どころではなくなった。

浜松のよさは温暖な気候と開かれた風土、交通の便ばかりではない。東京から離れているゆえに、トップもスタッフも雑念から解放されるのだ。「創生」をめざす全国各地も、非東京という地の利を生かせないはずはない。

産経新聞特別記者　田村秀男

もくじ

この本は、2015年3月3日～2016年2月16日に
フジサンケイ ビジネスアイにて連載した内容を編集したものです。

浜松物語１

鈴木 修

スズキ会長兼社長

地方の目線、世界が見える

東京一極集中と地方の人口減少問題の解決策として注目されている「地方創生」。地方の企業には、地域の資源・人材の積極的な活用や、海外企業との競争に勝つための戦略が求められている。中でも、浜松市に拠点を置く企業には「やらまいか（やってみよう）」精神が脈々と受け継がれ、野趣あふれたトップが健在だ。浜松の魅力や可能性などについて、縦横無尽に物語ってもらおう。トップバッターは、自動車大手スズキの鈴木修会長兼社長だ。

◇

《浜松ほど名だたる企業家を輩出しているケースは、地方にはない》

「なぜ浜松がそういう環境になったかというのは、いま一つ分からんけどね。浜松は『やらまいか』という、ものづくりの中心だったな。非常に発奮する環境があった。気候温暖、その気になれば寒い東北でやるよりも専念できる。明治維新の頃は何かやろうとした努力はあるんですけど、戦後は旧制浜松高等工業学校という静岡大学の今の工学部の前身。あれがあったからですよ。勉強ができたということね。学問ができた」

◆よそ者受け入れる所

《浜松市内およびその郊外からスタートした主な発明家、創業者（いずれも故人）を挙げると、豊田佐吉（トヨタグループ）、鈴木道雄（スズキ）、本田宗一郎（ホンダ）、鈴木政次郎（エンシュウ）、山葉寅楠（ヤマハ）、河合小市（河合楽器製作所）、堀内平八郎（浜松ホトニクス）など。いまなお「テレビの父」と世界から称賛される高柳健次郎も地元の旧

制浜松高等工業学校で教鞭《きょうべん》をとり、本田や堀内らの企業家を育てた》

「浜松という所はよそ者をものすごい受け入れてくれる所だね。一般的に排他的な印象が強いといわれる名古屋と全然違いますよ」

《スズキ4代目のトップ、修氏は岐阜県出身で、2代目、3代目に続く養子。浜松にどっしりと腰を落ち着けている背景には養子ならではの、地元への気遣いがある》

「ホンダさんが1953年に東京に移られた。私は1958年に2代目社長(鈴木俊三)の養子になった後、『うちもホンダ並みに東京に本社移して、アンテナ張り上げてやりませんか』って言ったら、おやじがなんて言ったか。『お前ね、俺もお前も養子だぞ』とね。『そんな東京に行ったたって鈴木家から何言われるか分からん。それはやめとかないか』と。うまく逃げられちゃったね」

「東京はチャンスがあるっていうことですね、情報収集のね。その気になれば東京というのは奥深く情報収集ができて、いろいろなウオッチできますよね。だけど、今は東京でも浜松でも情報の収集っちゅうのは全然変わらないからね」

◆ハンディ気にならず

《東京ではなく、浜松という地方にいなければ、出てこない発想もある》

「東京なんかで軽（自動車）乗ってないでしょ。山奥の人が軽を使ってる。小型車が欲しいんだけれども、お父さんが乗ってるから2台は買えないっていうことでお母ちゃんが子供の用事だとか、ご両親の、おじいちゃんおばあちゃんの使い走り、病院へ行くとかね。そういうことに使ってらっしゃる」

冒険せず「金になる車」造る

――群雄割拠の浜松で泥仕合にならなかったのか

「それはありましたよ。ホンダさん、ヤマハさん、スズキオートバイ」

――「相手をたたきつぶそう」という気持ちはあったのか

「どうぞ、どうぞ、だよ」

――互いに切磋琢磨《せっさたくま》するというプラス効果もある

「切磋琢磨っちゅうのは両方がやる場合に切磋琢磨だけど、一方がやるだけじゃ駄目だよ。それは謀略です」

――そんなときどう対抗する

「いや、もう放ってあるんですよ」

「放っておいたらいいですよ、そんなの。そんなことにエネルギーを使う暇があったら本業をしっかりやったほうがいい。俺は美濃（岐阜県）の出身だけど、（歴史小説『国盗り物語』で知られる）斎藤道三っていう、俺はそんな悪じゃねえ。フェアプレーの精神で行く」

――ホンダが軽自動車のスポーツカーを出したとき、「軽は貧乏人の乗る車で、スポーツカーなんていらない」と述べた

「うん、そう。だから、ハスラーが誕生した。うちらのような場合には趣味で、あんまり売れなくても趣味でいいというようなスポーツカーだとか冒険はできないんですね」

「実は、悔しいけど。ホンダさんとかダイハツさんは1モデルぐらい売れなくてもシンボルとしてスポーツカー造らせてるんですよ。うちらはその力がないから。1モデルでも金になるモデルを造らにゃいかんっていうことになるから、そういうことですよね。だから、うちでもホンダさんがスポーツカー造られたとか、ダイハツさんがスポーツカー造られてうちも造りたいって言ったけど、これは私が認めなかったんです」

――その結果、人気車ハスラーが誕生した

「で、カーオブザイヤー取った。金になったってことです」

――世間からみれば、スズキは堂々たる大企業であり、貧乏人でも中小企業でもない

「現実がそうだからね。売上高はトヨタさんが26兆円で、日産、ホンダさんは13兆円まででいってないもんね。それで俺のとこがまたホンダさんの4分の1ですからね」

「自分は貧乏人であると自ら言うということでないと駄目なんです」

――2015年4月からの軽自動車税増税について、「弱い者いじめをするな」と、消費者の感性に訴えた。ネットで若者の間で話題になった

「『弱い者いじめ』って流行語大賞の候補になりゃよかった」

「俺はストレートだからね。むつかしい言葉を使うことが嫌い。また、むつかしい言葉を考える頭脳はないから、率直に話をするということじゃないかね」

（聞き手は産経新聞特別記者　田村秀男）

「一寸先は闇」常に対応準備

――発明家や創業者を輩出してきた浜松で、創業者から2代目以降が会社を継承して大きくすることは大変だ

「俺は4代目だけどね。企業も政治家も3代目で駄目になるケースが多い。大過なくやれば大きくなるんじゃないのかな」

――海外進出ではリスクを取っている

「失敗もいっぱいあるよ。表には出てないけどいっぱいありますよ、失敗は。成功した額が失敗の額より大きかったのか、失敗の数が多いか、成功の数が多いか。あるいはそれによってトータルすると成功が多かったということでしょうね。

――何勝何敗ぐらいになるのか

「2勝8敗ぐらい。成功ばっかするなら世の中簡単です。成功なんて運ですよ。万が一成功するっていうことで、いっぱい失敗はありますから。だけど、運のない人はなかなか成功しないということもありますよね」

――2勝の成果がものすごい大きい

「アメリカは大きいことはいいことだっていうことで、1000cc作ったけど全然小さい車は駄目でしたね。いい勉強になりましたよ」

「アメリカに行ったっていうこと自体は成功だった。だけど、撤退せざるを得なかった。これは1勝1敗ですよね。だけれども、タイミングよく撤退できたという、その踏ん切りが大事だ。アメリカの撤退がうちは早かったからね」

「アメリカの撤退は輸出でもうけたやつで埋め合わせたっていうね。だから、アメリカの撤退に伴う損失がもう100億なり200億なり500億円なりあったとすると、成功部分がなかったらそのまま100億でも200億でも500億でも赤字になるからね」

――合併や経営統合を考えたことは

「もう、一生懸命考えましたよ。一生懸命考えたけど拾ってくれるところがなかったということ」

――現在は米ゼネラル・モーターズ（GM）との資本提携を解消しているが、1981年に資本提携したとき、記者会見で「スズキは蚊だ」という〝名言〟があった

「新聞記者はGMがクジラで、スズキはメダカだと言ったんだよね、初めは。メダカだと食われる。パクッとやられかかったら、蚊だと飛んで逃げられるから、『蚊だ』って言ったんだ」

――規模の利益にはこだわらないのか

「いや、自動車産業っていうのはトヨタさんの10分の1、20分の1で済むかって分かりませんよね。もう考えたか考えないかなんて問題じゃなしに、一寸先は闇だから。どういう対応を迫られるかは常に考えておかないといかんってことですね」

――「1年ひと昔だ」という名言もある

「1年ひと昔って言うよりも1カ月ひと昔かな。いや、1時間でひと昔だわな」

（聞き手は産経新聞特別記者　田村秀男）

日本型経営　カースト制なし

――2001年ごろ、インドのマルチ・スズキの工場を訪ねたことがある。カースト制で大丈夫か、と思っていたら、オフィスは大部屋、役員も管理職もブルーカラーも同じ大食堂で食膳を並べていた。現場ではみんな平等の立場で「カイゼン」案を出し合っていた。どこにもごみ一つ落ちていない典型的な日本の工場だった

「進出した1981年当時は、もう、野原だった。満州の荒野と一緒だよ。周りは牛臭

くて、クジャクやサルがたくさん動き回っていた。今は交通渋滞。もう10階建て、5階建て、8階建てのビルができちゃって、町になっちゃってね」

――2015年、マルチ・スズキは年産100万台を維持している

「2014年は百十何万台。この6年ぐらいは100万台前後で、中だるみなんですね。ちょっと安心感っちゅうか、2番バッターがヒュンダイ（韓国の現代自動車）で国内販売は45万ぐらいですから」

――トヨタとは競合しないようだ

「トヨタはレクサスを中心に売ってますからね。高級車を中心に。小さいやつはスズキに勝てそうもないということで、皆さん大型を中心にやってますね」

――インド最大財閥のタタもずいぶん意気込んで超低価格の自動車に参入した

「タタ・ナノっていうのがね、マルチ800に対抗すると。つまりアルトに対抗する800をね。ナノも800だったな」

――問題にしなかった

「マルチ８００に対抗するもっと安い車を作るということでナノ８００を売り出したんだけど、人気がなくて。『あれは車じゃないよ。力車だよ』って言ったらタタのほうは『こんちくしょー、今に見ていろ』って言ってたけど結局駄目だったね。今、年間２０００台ぐらいじゃないかな」

――中国での事業はどうか

「中国は細々とやってるわ。うちは中国が遅れたんですよ。それでインドに行った。だから、結果的にインドに重点を移したのが花が咲いたということで、中国は今まで最高20万台ぐらいかな」

――海外展開はインド、ハンガリーというふうに、他の大手が目をつけないような所で真っ先に進出の決断をしている。そのときの判断基準は

「やっぱりオートバイからスタートしましたから、軽自動車というより小さい車をまず手掛けたということがありますね。だから、実力に分相応の車を作って、海外へ出たということで、もう大きい車作ったらうちはとても無理でしたよ。軽自動車に毛の生えたようなものを作るということで、インドネシアに1974年に進出。1975年にはパキスタンで工場作って、それで政府と一緒にやったんです。インドと一緒ですよね」

――随分早く、パキスタンに進出した

「だから、パキスタンはシェア1位だよ」

国民を堕落させる補助金

――ドイツやアメリカなどの地方にある拠点都市は、十分に産業が集積しているだけでなく、分散化もしている。日本では、国からの交付金に対し、〝ばらまき〟批判があり、地方

創生につながっていない。自治体や地元経済界に重要なのは、自立精神なのでは

「補助金政策っていうのは国民を堕落させる、なまくらにさせていくというのが源泉じゃないかな」

——浜松の市政には、かなり影響力があるのでは

「影響力あるかと言えばある。なっちゃいねえから、無駄が多すぎるから文句を言ってるんだ」

——どんな無駄なのか

「僕は行政改革の会長をやったんですよ。浜松の前の市長のね。12年前に浜松の行革（行財政改革推進審議会会長）を頼まれてやったんですが、そしたら無駄が多すぎたから、改革を求めたら、ああでもないこうでもないという反応です。そして、その頼まれた市長を見限った」

——行革会長が言ったことを市長が実行しなかった

「それで今の市長は鈴木康友さん。市政なんて50億や100億円浮かすことはお茶の子さいさいだよね」

——それだけの節約ができた

「できた」

——有権者から高く評価されれば、市長も意欲的になる

「面白いのは、鈴木（修会長兼社長）さん、こういうこと知ってるか、っていう投書が入ってくるんだよ。俺が行革やったから。それを市の当局に調べてもらうと正確だね。市議会も市長も誰も言わないし、やらないから、鈴木さん、あんた行革の会長としてとことんやってくれたからっていうことでね。通報してくれる情報は99％正しい」

——私利私欲や邪心がないから、情報も集まる

「だって俺は寄付はするけど、もらったことない。市の補助事業とか県の補助事業も、もらったことないからね」

——一方、「市政を裏で牛耳ってる」などの誹謗《ひぼう》中傷があったのか

「言われてるでしょうね。でも、正しいことやってるからそんなのは無視しちゃってる」

——市政が充実すれば、浜松はもっと発展する

「駄目だね」

——何が足りないのか

「市民がのんびりしてるよ。『やらまいか』で、今までものづくりで発展したから、待ちの政治だね。積極的に前に進んでいくとかが、感じられない。やらまいかは、やめまいかになっちゃったな」

——どうやって巻き返すのか

「そんなのはあんた、もう5年しか寿命のない人間が言うことじゃないよ」

2015年3月3日〜3月31日 掲載

鈴木 修 すずき・おさむ

中央大学法学部卒。1958年、鈴木自動車工業（現スズキ）入社。常務、専務を経て1978年に社長就任。2000年、会長に就任し、社長職をいったん退いたが、2008年12月から現職。85歳（2015年3月31日掲載時）。岐阜県出身。

スズキ株式会社

【設立】1920年3月 鈴木式織機株式会社設立
1954年6月 鈴木自動車工業株式会社へ社名変更
1990年10月 スズキ株式会社へ社名変更
【本社】静岡県浜松市南区高塚町300
【資本金】1,380億1,400万円
【業務内容】二輪車・四輪車・船外機・電動車両・産業機器
【URL】http://www.suzuki.co.jp

浜松物語２

中田　卓也

ヤマハ社長

地の利生かし世界に感動を

――浜松でなぜピアノや軽自動車、オートバイを始めとするパイオニア企業が数多く生まれたのか

「一般的には『やらまいか（やってみよう）精神』ということになるが、その根底には土地柄がある。旧浜松藩は5万石程度の小藩で、藩主も頻繁に交代した。安定しないがゆえに『自分たちがしっかりしなければ生きていけない』という気持ちが強く、それが『やらまいか精神』を形作ったのではないか」

――地場産業の存在も大きい

「浜松は綿花の一大産地で綿織物が盛んだったので、織機などの機械を作る職人が数多くいた。鍛冶屋でも指物師でもいいのだが、技術のある職人たちの間に、新しいものを作り出そうという機運が高まっていて、西洋文化が入ってきたことをきっかけに『これなら自分にもできる』とさまざまな製品作りに取り組んだ。『あの人にできるなら自分にもできるはずだ』とか、『浜松で一旗揚げよう』という人も現れ、連鎖反応のように数多くの企業が生まれたのだろう」

――ヤマハにとって浜松の魅力は

「浜松は創業の地であることはもちろん、浜松だからこそできることが数多くある。当社ぐらいの規模の企業は、東京では〝one of them〟の存在かもしれないが、ここにいることで、それなりの規模感で事業を進めることができ、優秀な人材も集まっている。楽器といえばものづくりだが、浜松にはものづくりにたけた人が数多くいて、彼らの力を得たことで当社はここまで発展できた」

――東京で難しいことは何か

「『私たちは、音・音楽を原点に培った技術と感性で、新たな感動と豊かな文化を世界の人々とともに創りつづけます』という企業理念を掲げている。その実現のためには、直近のことに限らず、ある大きな流れの中で物事を見たり考えたりする必要がある。その意味で、それが東京の良さの一つでもあるのだが、東京は案外テンポが速いような気がする」

「東京は日本の中心で、国内市場がよく見えるのかもしれないが、われわれは地方にいたことで、より海外に目を向けることができたと思う。1958年に初めてメキシコに海外法人ヤマハ・デ・メヒコを設立した」

――地の利をどう感じるか

「昔は東京に行かないと情報に取り残される心配があったが、今では東京で起こっていることの多くをインターネットで知ることができる。浜松は東京にも大阪にも等距離で移動できる位置にあり、まったくハンディを感じない。また、徐々に海外にシフトしてはいるものの、当社は高級品や日本の技が必要な製品を浜松近郊の工場で生産している。メーカーとして、工場に近い場所に（本社を）立地することが、現場や現物を大事にするという意味で、ものづくりに有利だと考えている」

素人ゆえの新発想を生かす

――１８８７年に日本で初めてオルガンの製作を手がけ、１９００年にピアノの製造を開始し、２０１７年に創業１３０周年を迎える

「創業者の山葉寅楠《とらくす》の父は、紀州（現在の和歌山県）藩士で天文係を務めていた。寅楠は長崎で技術を学び、医療機器の修理を手がけるようになり、浜松の病院も訪れている。そこで技術を見込まれ、浜松尋常小学校からオルガンの修理を依頼された。その修理に成功したことがきっかけで、寅楠はオルガンの製作を決意し、１８８９年に当社の前身である山葉風琴製造所を設立した」

――当時は日本の音楽教育の草創期。小学校で唱歌教育が必須になったため、同校は高価なオルガンをいち早く輸入した

「大枚をはたいて購入したオルガンの修理を、どこの馬の骨ともわからない人物にやらせてみようとか、（見たこともないオルガンという楽器の修理を）やってみようというところに、『進取の精神』が現れている。寅楠は『オルガンの値段が高くて皆が困っているのなら、それを作って普及させれば、日本の音楽のレベルを向上させることができる』という大きな志を抱いたのだと思う」

――その後、金管、木管を含めてあらゆる楽器を手がけた

「西洋音楽を日本に根付かせたいという思いがあった。当時、西洋の楽器は舶来品だったため、日本の音楽のレベルを向上させるために、すべての楽器を作ろうとしたのだろう」

――楽器製造には人の感覚やノウハウに頼るアナログ的な部分もあるのではないか

「浜松にはもともと技術があり、（そういう部分を追求していく）職人かたぎを持った人が数多くいたことが大きい」

――創業以来、伝わるスピリットにはどんなものがあるか

「当社は１９７１年に半導体の製造を開始した。良い音を出せる半導体がなかったため、自分たちで作ってしまおうと考えた。東北大学の西澤潤一名誉教授の教えを受けながら、素人集団がゼロから手がけ、音源用ＬＳＩ（大規模集積回路）を作り上げている。また、世界に先駆けてミキサーのデジタル化を進めてきた中で、デジタルミキサーに特化したＤＳＰ（デジタルシグナルプロセッサ）も内製している。多くの事業をほとんど素人の状態から始めたが、素人であるがゆえに、新しい発想を生かしたり、他の人がやらないことを手がけたりして成功した例が少なからずある。それが大きな強みになった」

――一度決めたことを最後までやり遂げる「執着」を、行動指針の一つに挙げた理由は

「ヤマハ社員は皆がＷｉｌｌ（志）を持っているが、『執着』の部分が不足していると感じた。同様に今、浜松の人々が『やらまいか』と言わなければならなくなるほど『やらまいか精神』が弱くなっている。だが浜松の人々が皆で『やらまいか』と言い合っていけば、もともとＤＮＡとして持っている『やらまいか精神』が目覚め、浜松がもっと強くなるという思いがある」

常に新しさを追求し提案

――ヤマハがモットーにしていることは何か

「常に新しいものを提案していくことがヤマハの姿だと考えている。ヤマハが１２８年も続いてきたのは、常に新しさを追求してきたからで、何かを守り通そうとしていたら、この規模でグローバル展開をしている会社がここまで長く続くことはなかったと思う」

――2015年3月20日に新製品「トランスアコースティックピアノ」を発売した。アコースティックピアノでありながら音量調節が可能で、ピアノ以外の楽器音でも演奏できる

「ピアノはある意味、完成されている製品で、多少良くしたところで、お客さまの買い替え需要にはつながりにくい。そこでトランスアコースティックピアノは夜でも弾けて、タッチも変わらないようにした。『お母さんの頃は（ピアノで）こんなことはできなかった』という利便性とベネフィットを提案すれば、新しい商品に買い替えていただけると考えている」

――ソフト面の展開では「大人の音楽教室」も盛況で、小学生のためのジュニアスクールでは2015年5月にドラムコース、ギターコースも開講される

「1954年にオルガン教室として開講したヤマハ音楽教室で培ってきたノウハウを使い、もっと新しい提案ができないかという発想だ。ヤマハ音楽教室は必ずしもピアノを弾くだけではなく、音楽を楽しむ力を身につけていただくための教室。その根底に、われわれの企業理念にも記されている『新たな感動と豊かな文化』を創るお手伝いをしたいという思いがある」

――マレーシアを皮切りに東南アジアで音楽教室も強化する

「1970年代から東南アジアで音楽教室を展開しているが、アプローチを変える。これまで日本と同じ内容を現地でこだわって実施してきたが、国によってはかなりハードルが高い部分がある。マレーシアでは学校と連携し、現地に合ったアプローチを進める。ヤマハ音楽教室は海外にも約16万人の生徒がいるが、パラダイムを転換すれば、もっと広がるはずだ」

――ヤマハは今後どんな方向に進んでいくのか

「『世界ナンバーワンの楽器メーカー』とよく言われるが、総合的なブランド力ではそうでも、個々の製品を見ると、まだ世界一になっていないものがある。各分野で存在感を増すような取り組みを行い、『さすがヤマハだ』といわれる製品を出していく。今のポジションに満足していてはならない」

◇

中田社長も「大人の音楽教室」でギターを学び、余暇に音楽を楽しむ一人。創業者の山葉寅楠《とらくす》が、日本の音楽教育に資するという志を抱き、起業してから128年がたつ今、ヤマハは「やらまいか精神」のDNAを継承し、時代を先駆けるパイオニアであり続けようとしている。

2015年4月7日～4月21日 掲載

中田 卓也 なかた・たくや

慶応義塾大学法学部卒。1981年日本楽器製造（現ヤマハ）入社。ヤマハ コーポレーション オブアメリカ社長、ヤマハ上席執行役員などを経て、2013年6月から現職。56歳（2015年4月21日掲載時）。岐阜県出身。

ヤマハ株式会社

【設立】1897年10月12日
【本社】静岡県浜松市中区中沢町10-1
【資本金】285億3,400万円
【業務内容】楽器事業、音響機器事業、電子部品事業、その他の事業
【URL】http://jp.yamaha.com

浜松物語３

柳　弘之

ヤマハ発動機社長

時代を超えた価値観が大切

――日本楽器製造（現ヤマハ）のオートバイ製造部門が１９５５年に分離独立した

「当時は二輪車が全国的なブームで、国内にメーカーが50社ぐらいあった。当社の創業者で日本楽器製造の社長を務めていた川上源一氏が、二輪車の専門メーカーとしてヤマハ発動機を設立した」

――オートバイをはじめ製品のデザインには定評がある

「創業当時からデザインを大切にしてきた。２０１５年2月に亡くなった世界的な工業デザイナーの栄久庵《えくあん》憲司さんが、東京芸大の学生だった頃にデザインした作品が、当社のモーターサイクル第1号機『ＹＡ－１』だった。『鵯越《ひよどりごえ》をした鹿のように』がデザインのモチーフで、エレガントな躍動感を表現している。当社が今、デザインフィロソフィーに掲げている『洗練された躍動感』の原点がそこにある」

――60年たった今も独特の存在感を持っている

「今見ても（ＹＡ－1のデザインには）新鮮さと合理性がある。そういう『時を超えた価値観』を生み出すことを、ものづくりの原点の一つに置いている。栄久庵さんの代表作にキッコーマンのしょうゆ卓上瓶があるが、先日、同社の茂木友三郎名誉会長に会い、卓上瓶の形を今でも変えていないと聞いた。『時代を超えた価値観』を大切にし、それをグローバルに展開してきたという意味で（当社と）共通性がある」

――「ヤマハらしさ」を、ものづくりの基準に定めている

「経営の意思として、独創性、技術、デザインを磨き、極めることを推進している。最近その考え方を発展させ、当社が追求する『ヤマハらしさ』を『発』『悦・信』『魅』『結』という5つの漢字で表している」

「ヤマハ発動機の『発』が独創性。ヤマハらしい独創的な発想、発信がない商品は、お客さまの心をつかめないのでまず売れない。独創性のポイントはイノベーションにあるが、

工学的にはイノベーションは何もないところからは生まれない。従来手掛けてきたエンジンを含むパワーソース、車体・艇体・機体を作るボディー技術、エンジンおよびボディーの統合制御技術という3つのフィールドをそれぞれ進化させ、組み合わせることでイノベーションが生まれる」

――技術とデザインをどう位置付けているのか

「お客さまの喜びと信頼感を獲得するための技術が『悦・信』だ。例えば、人と機械が応答し合い一体感を生む『人機官能』を実現するために、論理と感性を紡ぐことを大事にしている。『魅』がデザイン。『発』があっても『悦・信』『魅』がなければ商品は売れない。最後の『結』は、地域の部品メーカーさんとの強いチーム力を持ち、お客さまと生涯にわたって結びつくことができるような仕事をしていくという意味だ」

部品メーカーと強力タッグ

――浜松市に隣接する磐田市に本社を置いている

「グローバル展開を進めているが、本拠地は日本に置いておきたい。先行的な技術開発を行っていくうえで、部品メーカーと一緒にモノづくりを進めていく必要があるが、そのベースがこの地域にある。本田技研（ホンダ）さんは東京に行かれたが、われわれはここで、部品メーカーとの強力なチームを築いてモノづくりを行っている」

――製造業にとって、有力なサプライヤーの存在は重要だ

「強いチームがなければよい製品は作れない。二輪でも四輪でも一般に内製品が約2割で、8割を部品メーカーに供給してもらっている。それゆえ自動車業界と同様に、完成車メーカーと200～300社に上る部品メーカーとの総合力が勝負になる」

――浜松地域でモノづくりを行うメリットは

「昔から数多くの部品メーカーがある。三河地域に隣接しており、自動車部品を手がけている会社も多い。旧制浜松工業専門学校を前身とする静岡大学工学部をはじめ、モノづくりに対する教育の水準も高い。歴史的にも、繊維機械から製造業が発展してきた経緯があり、モノづくりに対する姿勢が非常にしっかりしている。そういうベースが歴史的にできている浜松地域にいたので、別に東京に行きたいとは思わない。海外売上比率が約9割に達する中で、われわれは東京を見て仕事をしているのではなく、世界を見ている」

「（浜松地域は）われわれにとっての心のふるさとであり、『ヤマハらしさ』（の一つの柱である『結』）を大事にしながら部品メーカーと一緒にモノづくりができるということで、浜松地域に居続けている」

――ブランドスローガン「Revs《レヴズ》 Your《ユア》 Heart《ハート》」の「Rev」には「エンジンの回転数を上げる」「ワクワクさせる」などの意味がある

「エンジンの回転計のことをレヴ・メーターという。ブランドイメージ向上のため、2011、2012年に世界各国で、お客さまがヤマハ発動機をどう見ているか、社員がどんな思いを抱いているかを調査した。そこで出てきたさまざまな言葉を集約し、世界のトップマネジメント約40人で厳選したのがRevs Your Heartだ。普通の言葉ではないかもしれないが、普通の言葉ではヤマハ発動機の言葉にならない。人々をワクワクさせ、感動させる仕事をしていこうという思いが込められている」

――個性的であることをモットーにしている

「個性的な会社でありたいと、従業員たちはみな思っている。『発動機』は日本語でも中国語でもエンジンを意味するが、『動機を発する』とも読める。われわれが目指すのは動機を発する、つまり人々のモチベーションをクリエイトする会社だ」

多様な嗜好に合わせた商品作り

――メード・イン・磐田のスポーツバイク「MT－09」「MT－07」が先進国で好評だ。メーンの二輪車をどう展開していくのか

「世界の二輪市場は6000万台。先進国、東南アジア諸国連合（ASEAN）、BRICSの市場をほぼカバーした。次はアフリカ、および西アジアで事業を進める。パキスタン、ナイジェリアに新工場を立ち上げる」

――ASEAN市場でベトナム、タイ、インドネシア向けに次世代小型エンジン「ブルーコア」搭載スクーターを投入した

「アジアでは若者文化が発展している。ファッショナブルなスタイリングの車種が好まれる一方、好きな人はスポーツバイクにも興味を示す市場で、顧客の嗜好《しこう》の多様化に合わせた商品作りを行う必要がある。日本で確立した基本技術を活用し、現地のR＆D部門で迅速な商品開発を行う態勢に変えてきている。（エンジン、骨格、機能・外観部品をプラットホーム化する）ＰＦ戦略の第1弾がブルーコアだ」

――２０１４年、タイや欧州、日本で発売した新型三輪バイク「トリシティ」の反響はどうか

「欧州と日本で初年度の販売計画は達成（計画比21％増）し、顧客層の拡大を進めている。当社では成長戦略の一つに『広がるモビリティーの世界を創る』を掲げている。実際、欧州でトリシティを購入しているのは四輪ユーザーが多い。われわれはもともと二輪メーカーだが、三輪、四輪と技術を広げる中で新しいお客さまに出会っている」

――四輪事業の動向に注目が集まっている

「四輪はあり得ると思う。とくに欧州では都市化が進み、コンパクトカー市場ができつつある。すでにプロトタイプ（試作）のコミューター『モティフ』を２０１３年の東京モーターショーで発表した。その基本的な考え方を踏襲しつつ、どんな車種が本当に良いのかについて、今研究を進めているところだ。新興国の都市も大きいので、今後、新しい街にフィットする乗り物が出てくる可能性がある」

――マリン事業も好調だ

「北米で需要の回復が進んでいる。2013年に船外機の累計生産台数が1000万台を超え、世界市場で圧倒的な信頼を得ている。（船底から吸い込んだ水を後方に吹き出し推進する）『マリンジェット』を中心とするウオータービークルも、あるカテゴリーでは当社がトップシェアだ」

――中期経営計画（2013〜2015年）の営業利益目標を1年前倒しで達成した

「まもなく次期中期経営計画（2016〜2018年）が始まるが、一回り、二回り大きな個性ある企業を目指す。成長しても個性的な企業でありたい。『選択と集中』とは真逆の戦略をとっており、小さくてもキラリと光るビジネスがあればやり続けようというのが、当社の事業観だ」

◇

リーマン・ショックでヤマハ発動機の業績が悪化した頃、ジャパンラグビートップリーグに加盟していた同社チームでは、多くの選手が去っていった。残った選手は、社員として業務をこなした後に練習に打ち込み、２０１５年2月の全日本選手権大会で初優勝を達成した。この勝利を機に、社内の一体感が最高潮に達している。

２０１５年4月28日～5月12日 掲載

柳 弘之 やなぎ・ひろゆき

東京大学工学部卒。1978年ヤマハ発動機入社。主に製造畑を歩み、中国事業部長、上席執行役員MC(モーターサイクル)事業本部MC統括部長などを経て、2010年3月に社長就任。60歳(2015年5月12日掲載時)。鹿児島県出身。

ヤマハ発動機株式会社

【設立】1955年7月1日
【本社】静岡県磐田市新貝2500
【資本金】857億8,200万円(2015年12月末現在)
【業務内容】二輪車事業、マリン事業、特機事業、産業用機械・ロボット事業、その他事業
【URL】http://global.yamaha-motor.com

浜松物語4

大須賀 正孝

ハマキョウレックス会長

物流コスト、無駄取り実践

――2014年10～12月期に、新規物流センターを10件受託した

「アパレルから食品、コンビニエンスストアや100円ショップまで引き合いがあるが、医薬品や医療機器が伸びている。食品は（商品の取扱量が）比較的安定しているが、アパレルは季節による波が大きい。取扱量が最大5倍も変動するので、波動に対する（物流コントロールの）仕組みをいかに整えるかがポイントだ」

――3PL（サード・パーティー・ロジスティクス、第三者物流）のパイオニア的存在だ

「3PLは、お客さまに代わって物流センターの運営や配送を引き受ける、つまり物流が流通の仕事の一部を肩代わりすることだから『物流通業』だと私は言っている。詰まった部分を取り除くという意味で、下水道工事屋さんと同じ。無駄を徹底的に排除して（物流通の）『流れ』を良くするアイデアを出すことが3PLの役割だ」

――機械やシステムだけに頼るのではなく、人の可能性に注目して物流コストを削減するところに強みがある

「うちのコスト競争力が高いのは、ハイテクな機械を導入して合理化を進めているからだと思われているが、そうではない。機械では能力をオーバーしたら対応できないし、処理量やスピードが機械の性能で決まってしまう。その意味で自動倉庫も補完的な存在だ」

――ベテランのパートから新人まで全員が毎日交代で現場リーダーを務める「日替わり班長」制度や、パートを含む全社員が1日50円のコストダウンを実践する運動などで、無駄取りを実践している

「物流センターは女性の多い職場で、現場を仕切る『お局』の顔色をうかがって仕事をするようになりがちだ。これではお局の実力以上に、現場スタッフの力が伸びなくなる。全員がリーダーを務めるルールにすれば、全員が頑張るようになる」

――全員参加、コミュニケーション、「日々収支」が物流センターの業務改善を支える柱だ

「1年で1000万円もうけることは、1人では難しい。でも1000万円を月割りにすれば約84万円で、1日当たり約2.8万円の計算になる。それを100人で割れば280円になるから、全員が1日にそれだけの無駄を省けば利益を達成できる」

「上が『これをやりなさい』と言っても下がやっていないのは、コミュニケーションが不足しているからだ。『上からこうしなさいと指示することは一切まかりならん、上司はまず部下の話を聞け』と言っている」

――各トラックの売り上げから日割りの管理費や燃料費、人件費などを差し引き、毎日収支を管理する日々収支が利益の源泉だ

「モノを売る人は、商品の原価が分かって値段を決めているが、サービス業の場合は価格が先に決まり、そこで利益を出せなければ赤字になる。月次決算だと、決算日から日がたつうちに、いつどんな理由で数字が悪くなったのか分からなくなる。改善しようと思っても、答えが分からなければ手がつけられない。だから、日々収支を行っている。

これを全物流センターで実践しているから、大きな強みになる」

「日々収支」で融資取り付け

――浜松に生まれ、浜松で起業し成功を収めた

「実家はうどん屋で、11人きょうだいの10番目に生まれた。手のつけられない悪がきだったが、小学校高学年の頃には自転車で近所を回り、うどんを売り歩いた。毎日120玉が自分のノルマで、同級生たちにも『お前ら、買え』と言って、ずいぶん売った。中学を出てヤマハ発動機に就職したが、すぐに飛び出した。商売で農家から落花生を買い付けていた兄から落花生のくずをもらい、バターピーナツを発明したのもこの頃。落花生をお湯に入れてから冷水に漬けると、皮が面白いほどきれいにむける。それを油で揚げる

と、べとべとするので、近所の染色屋から脱水機を借りてきて油を飛ばしたが、食べてみると味がもの足りない。塩を振っても、油が飛んでいるのでなかなか塩が豆につかない。そこでバターを薄く塗ってから塩を振ってみたら塩がうまく乗り、味も良くなった。これを浜松や豊橋の豆屋に売り込んだら好評だった」

――若い頃にプロボクサーを目指していた

「たまたまセンスがあって、ボクシングを始めたら浜松ではすぐに敵がいなくなり、中部地区でバンタム級を制覇した。プロになろうと思い、家族にはそのことを黙って上京したが、どこからかおふくろの耳に入って『けんかを商売にするのは許さない』と泣かれた。私は、おふくろは世界一だと思っている。7人か8人で子供を産むのをやめていたら、自分はこの世に生まれていない。おふくろが自分を産んでくれたことに感謝している。そこでボクシングをきっぱりと諦めて浜松に帰り、トラックを手に入れ、青果物の仲介業などを始めた」

――1971年に浜松協同運送（ハマキョウレックスの前身）を設立し順調に業績を伸ばした

「ところが第1次オイルショックの翌年の1974年に、大口顧客が突然倒産してしまった。手形が不渡りになり、銀行から『手形を買い戻せ』と言われた。その頃、割引手形の買い戻しという意味も知らなかった」

「自分の月給を15万円に減らして1日1000円の生活を送り、従業員の給与には手をつけなかった。当時、これ以上安定している客先はないと思った農協に夜討ち朝駆けで営業をかけ、仕事をもらえるようになった。荷主の穴埋めもできて一息ついたのもつかの間で、大きな借金の返済日が迫った。金額は1800万円で手元に現金がなく、返済できる見込みが立たない」

――そういう厳しい状況の中から「日々収支」が生まれた

「『俺は今まで約束を一度も破ったことはない。必ず返すから1800万円貸してくれ』

と銀行に泣きついたが、担当者は『倒産のリスクの高い会社には一円たりとも貸せない』と断られた。そこで始めたのが『日々収支』だ。毎日の収支を記した収支日計表を持って銀行の担当者に見せたら『よし、カネを出そう。俺の退職金が２３００万円ある。それをお前にくれてやる』と言ってくれた。それが本当に彼の退職金だったのかは定かではないが、その融資のおかげで会社は救われた」

人の動きにメス入れ黒字に

——日本がバブル景気を謳歌《おうか》していた頃、もうかっているうちに新しいビジネスを見つけようと考えた

「運送業はいずれ頭打ちになると思っていた。ちょうどその頃、イトーヨーカドーさん

から、同社が神奈川県内に新設する大規模流通センターのコンペに参加しないかと誘われた。コンペには名だたる大手も数社いて、うちが一番小さな会社だった。配送の品質などには自信があったが、他社よりも安いコストでなければ受注は難しい。うちは単なる当て馬だと思っていたが、採算ギリギリの金額で入札したら、受注が決まってしまった」

――物流センターの立ち上げには相当苦労した

「会社はもうかっていたから、『黙って運送をやっていればいい』とか『うちにできるわけはない』と、社内には反対の声が多かった。全社員を集めて『イトーヨーカドーさんのセンターの仕事をやってみたいやつはいるか』と呼びかけたが、手を挙げてくれたのは若手のドライバーだけだった。彼らと一緒にプロジェクトチームを組み、他社の物流センターを見学したほか、勉強会を繰り返し開いた。私はイトーヨーカドーさんのセンター近くに部屋を借り、1カ月のうち3週間はセンターに通い続け、仕事に専念した」

――当時はまだ、サード・パーティー・ロジスティクス（3PL）という言葉は知られてい

なかった

「うちが運送業以外の仕事に従事する転機になった。大きな仕事だったから、伊藤忠商事さんと合弁会社（スーパーレックス）を設立してセンターを運営することになったが、持ち株比率は当社が51％、伊藤忠さんが49％とさせていただいた。当時、量販店の物流センターはもうからないといわれていたが、他社のセンターを見学し、人の動きにメスを入れればもうかるようになると確信した。これまで『日替わり班長』制度を実施して無駄取りを続けてきたノウハウがあるから、センターの経営が赤字になることはなかった」

――この仕事をきっかけに物流センター事業が成長し、今では（売上高の）96％以上を占めている

「イトーヨーカドーの物流センターを成功させたという評判が広がり、たくさんの人が見学に訪れるようになった。日本中のお客さまの仕事をうちが全部やるわけにはいかないから、３ＰＬ協会を設立し、３ＰＬの普及を手がけている」

――単なるコストダウンではなく、物流通業で物流利益を増やすことが信条だ

「もうけ主義はいけないが、逆に、利益を上げないとお客さまに失礼だと思う。だが、それもあくまで適正利益の範囲内であって、それを上回る利益はお客さまに還元している」

――経営の神様といわれた松下幸之助氏も「赤字は罪悪である」と言っている

「結局、適正利益を上げないと、お客さまについていけないし、商売が長く続かないということだ」

「結果の前に結論」は間違い

――「日本一の物流会社になる」「3兆円企業になる」という夢を語っていた

「一番になるとか、売り上げ規模でどこの会社を超えるということではなく、オンリー

ワンになりたいと思っている。うちは全部オープンで、『サード・パーティー・ロジスティクス（3PL）のやり方も、物流センターも見たければどうぞ』というスタンスだ。積極的に情報を発信すれば、それ以上の情報がこちらに入ってくる。その中で勝っていけばいい。秘密主義ですべてを内に抱えていたら、うちの会社をここまで多くの人に知っていただくことはなかっただろう」

――2009年に会長職に退いた

「私は創業者だが、会社を私物化したくないと考えている。私の後任をお願いしていた後藤光明前社長が一身上の都合で退任したため、『私の息子（大須賀秀徳社長）を除く役員たちの中で、一番優秀な人を推薦してほしい』と（取締役会）にお願いしたら、息子が推薦されたので、差し戻してもう一度検討させた。ところが、それでも息子がいいと言うので『息子が社長になって業績が悪くなったら共同責任だ』と役員たちに言って、社長就任を認めた」

「会社経営の中で、『頭』が2つになってしまうことは避けたい。私はトップセールスも情報収集もやるが、会社の中の決め事は取締役会でやってくれと言っている」

――あえて現経営陣に求めるとすればどんなことか

「(私が会長に就任する際)会社のルールを定めた。1つは、無借金の会社にするなということだ。無借金だと経営が楽になるので、前の苦労をすぐに忘れてしまう。だから、2年間設備投資をやめたら会社を回せる範囲で融資を受け、投資を行うようにさせている。もう1つ、『運転資金を借り入れるようになったら会社をやめろ』と言ってある」

「物流業には自分たちの商品がない。エアコンが効いたいい環境で仕事をしても、新品のトラックを使っても、荷主の商品を正しい場所に、正しい時間に配達しなければ評価されない。コンペで厳しい競争に勝つには、いかに無駄をなくすかがポイントだ。みんなでやれば生産性は間違いなく上がる」

――東証1部に上場した頃、社員たちの仕事に対する熱意が薄れ、失敗を恐れて挑戦し

ない雰囲気を変えようとした

「何事も、守りに入ったら終わりだと思う。ゴルフでも他のスポーツでもそうだが、攻めは守りに通じる。常に挑戦することが必要だ」

――持論の「やらまいか精神」が、改めて日本に必要とされているのではないか

「何かをやれば結果は後でついてくるのであって、結果が出る前に結論を言うのは間違っている。やるならとことんやってみて、駄目だったらどうするかを考えればいい。何事も、一生懸命にやっている姿を見れば、皆が応援してくれる」

「一緒に挑戦　切磋琢磨」

――大須賀会長とハマキョウレックスを育んだ浜松はどんな場所か

「何でもやってやろうという『やらまいか精神』があるのはもちろん、外から来る人を歓迎するところだ。『外からもどんどんいらっしゃい。一緒に挑戦していこう』という気風がある。成功した人の足を引っ張ることもあまりない。『あいつがうまくいったのだから俺も頑張ろう』と切磋琢磨《せっさたくま》している」

――自立心が高いことも浜松の特徴だ

「人を頼らず、何でも自分で頑張ろうというところがある。補助金にもあまり頼ろうとしない。スズキ、ホンダやヤマハ、河合楽器なども早くから外に出ているが、商社を使わず、自社で販路を開拓している。海外展開にしてもそうだ」

――浜松商工会議所の会頭、浜松市行政経営諮問会議の会長代行を務め、地域の活性化にも取り組んでいる

「今、浜松市には5000億円の借金があるのだが、誰がその借金をつくったのかが分からない。その責任を取る人がいないのだ。無駄をつくった人が責任を問われないのはおかしい。（市長や市議会議員、市の幹部職員を含め）誰が市政を担っていたときに、どれだけ借金が増えたのかを市民に公開すべきだ。逆に誰がどれだけ借金を減らし、財政再建に寄与したかもきちんと公開し、評価したらいいと思う」

――ハマキョウレックスが実践している「1日50円運動」にならい、市職員が1人1日50円の無駄をなくす提案をしてもいいのではないか

「借金をしなくても、知恵を出せばできることが数多くある。浜松市では今、静岡県がまとめた第4次地震被害想定に基づき、津波対策のために防潮堤を建設している。だが津波対策事業基金を設立し、寄付を募ったものの、大口寄付がなかなか集まらない。そこで『みんなでつくろう』をスローガンに掲げ、浜松商工会議所で『会員企業1社1日100円寄付運動』を行ったところ、5億円以上が集まった。これを5年続ければ25億円になる」

――浜松には「やらまいか精神」を再び取り戻そうという声もある

「かつて超円高時代に、市内の製造業が大挙して海外に出ていった。何にでも挑戦してみようという浜松人の気質の表れだが、その結果、産業の空洞化を招いてしまったことも否定できない。浜松企業は今、新しい分野で頑張っているから、浜松もきっと良くなるはずだ」

◇

浜松に生まれ、浜松で起業した大須賀会長は、浜松が育んだ立志伝中の人物だ。その言葉の端々に、ベンチャースピリットを感じずにはいられない。オイルショックやバブル崩壊、デフレ不況などの荒波を、チャレンジ精神やアイデアで乗り越えてきた人生が、まさに「やらまいか精神」を体現している。

2015年5月19日〜6月16日 掲載

大須賀 正孝 おおすか・まさたか

中学校卒。1956年にヤマハ発動機入社。青果仲介業などを経て、1971年に浜松協同運送(現・ハマキョウレックス)を設立し、2003年3月に東証1部上場。2007年6月から現職。74歳(2015年6月16日掲載時)。静岡県出身。

株式会社ハマキョウレックス

【設立】1971年2月

【本社】静岡県浜松市南区寺脇町1701-1

【資本金】65億4,700万円(2015年9月末現在)

【業務内容】物流センター事業、一般貨物自動車運送事業

【URL】http://www.hamakyorex.co.jp

浜松物語5

河合 弘隆

河合楽器製作所社長

独自の音色守り老舗に挑戦

ピアノメーカーとして90年ちかくの歴史を持つ河合楽器製作所。今やそのピアノは、ショパン国際ピアノコンクールの公式ピアノとして採用されるなど、世界の多くの音楽ホールで音色を響かせている。国境を越え、人々の心を打つ旋律が浜松から生まれた理由を探る。

――世界市場では、米国のスタインウェイ、欧州のベーゼンドルファーなどの名ブランドと競合している

「音に対する人の好みは、酒に対するそれと似て、製品性能の良しあしと違い、聴く人の感性で決まる。欧米のメーカーとの違いも音楽性の要素が強い。すでに今、世界の音楽シーンで、『カワイトーン』と呼ばれ認知されている音がある。その音も、長年の試行錯誤の繰り返しで醸成されたもので、完成形や到達点はなく、その姿勢を守り続けることが当社にとっての競争であり、挑戦だと考える」

――なぜ、カワイトーンは世界的に認知されているのか

「音を言葉で表すのは難しいが、この80年以上、やさしい音色だという声を代々聞いてきた。声楽家やそれを志す人の間では特に当社製品は好まれていると認識しており、その評価が裾野を広げながらフルコンサートのピアノや、世界的コンクールの公式ピアノとしての立ち位置も確立したと捉えている」

――浜松での創業が影響しているのか

「あえていうならば気候でしょう。創業者の河合小市が、現在の浜松市にあたる地で1886年に生まれたのは偶然だが、創業してからは地の利も味方した。浜松は本州の中では比較的温暖な土地柄だと私どもは認識しており、今のように温度・湿度管理のできる保管システムもなかった時代、その気候はピアノの主原料である木材の保管、加工に適していた。今は静岡県磐田市の竜洋工場で、近代化された設備による精度の高い量

産体制を敷き、同時に原器工程という熟練工による昔ながらの手作り工程も続けている。そこで守っているカワイトーン、その原型はまさに浜松だからこそ生まれた音といえるだろう」

――その河合小市から数えて河合弘隆社長は3代目になる

「音楽の世界にピアノが登場したのは1700年ごろ、クリストフォリが開発したピアノフォルテが原型といわれる。欧米のピアノメーカーの中には創業からの年数が3桁という先達も珍しくない。それに比べ、当社はまだ88年。バトンは今後、3桁の時代を迎える人たちに渡される。特に伝統を重んじる傾向の強いクラシック音楽の世界において、3桁の仲間入りをすることは光栄であり、その時代になっても、カワイトーンの原型が浜松生まれである限り、世界的な生産供給体制になってもメード・イン・ハママツの精神は不滅だ」

――その技術の蓄積として、先代社長の名前を冠した最高品質のグランドピアノ「Shigeru

「Shigeru Kawai」ブランドが1999年に生まれた

「当社は、世界一美しい音色のピアノをつくることを創業以来の理念に掲げてきた。ピアノを構成するすべての部品について、材質から状態、形状、他の部品との調和までを徹底分析し、自社の厳しい基準にクリアしたものを集結させたのが、このブランド。それまでは正直に言えば、欧米メーカーと競争する意識が先行していた。しかし、Shigeru Kawaiブランドの誕生は、当社の独自の音色で芸術性を追求し、世界にそれを届けたい、そのために技術力を高めるという意識を前面に押し出す大きなターニングポイントになった」

調律師200人超、高い技術力

——現代最高のピアニストといわれるプレトニョフ氏が2013年、約7年の沈黙を破って演奏を再開した

「モスクワでShigeru Kawaiとその音色に出合ったのがきっかけで復活したと聞いている。2014年はアジアでもコンサートツアーを再開し、Shigeru Kawaiを使っていただいた。彼の奏でる曲は、人類の財産と言っても過言ではない。その演奏を具現化するのに当社のピアノが使われている事実。人類の財産に責任を負っていることとも同義であると捉え、その重みと誇りを感じている」

◆海外研修制度も設置

――プロの世界では演奏家ごとに、また曲目によって理想の音色も異なる

「演奏家のイメージした音を引き出し、時にそれを上回る音を生み出すために調律師は欠かせない。当社のピアノを使う層はいまや国内外に広がっており、それをフォローするために、現在200人を超える調律師を社員として抱えている。また、海外研修制度も設け、研修に行った社員は2年間、欧州の専門的な機関で学びながら、実際に各地の音楽ホールで調律に携わり、より高い技術力を身につける体制を整えている」

――世界的にメジャーなコンサートでの採用や、国際的なコンクールでの公式ピアノの認定も増えている

「交響楽団によって得意とする演奏領域は異なる。やさしい音色といわれる当社のピアノは、バロック、古典派、ロマン派、現代音楽など幅広く調和すると認識している。だからこそ、ショパン国際ピアノコンクール、チャイコフスキー国際コンクール、ルビンシュタイン国際ピアノコンクールなど国際的なコンクールでも公式ピアノとして採用され、当社のピアノを使った演奏家が数多く入賞してきたと自負している」

◆北米での売上高30%

――クラシックやオーケストラ以外の分野ではどうか

「使われる演奏領域も多様化し、その中には即興性が求められるジャズも含まれる。当社のピアノを使っている高名なジャズピアニストも多い。ここ数年の海外売上高のうち、約30%が北米市場での売り上げ。米国はジャズ発祥の地であり、この分野の構成比率は他地域に比べて高い」

――国や地域によって音楽教育の傾向も異なる

「一概には言えないが、専門的な音楽教育の世界では、徹底した英才教育でピアニストの才能を伸ばすアジア的感性と、各人の独自の方法論で才能を引き出す欧米的感性があるという私見を持っている。当社は１９５６年に音楽教室事業に参入、２００７年からは中国でもカワイ音楽教室を展開、現在11教室ある。富裕層を中心に子供への音楽教育が熱心であると捉えている」

――ピアノの生産拠点は国内の竜洋工場のほか、インドネシアにもある

「万国共通なのは、ピアノが過酷な環境にさらされる時間の長い楽器である点。鍵盤をたたかれ、演奏中はオーケストラの音の振動を受け、会場は聴衆の出入りや照明器具の影響で温度変化も激しい。それでも長年にわたり安定した音色を出す確実性が求められる。どの工場で生産したピアノもその点は万全だ」

素材加工技術が強み

◆露の現地法人好調

——児童教育の場は楽器を使うボリュームゾーンであるが、日本は今、少子化傾向にある

「その傾向があるのを事実として捉え、いかに事業を発展させていくかが求められる。楽器の製造・販売、音楽教育については国外での事業実績も長く、製造・販売の実績は台数ベースでみると既に国外の方が多くなっている。特に中国をはじめアジア地域は、人口が増加している国が多く、児童教育を受ける層が拡大傾向にあり、楽器の需要についても今後のポテンシャルは大きいとみている」

——2014年、一番新しい海外法人をロシアに設立した

「ロシアはこれまで世界的な作曲家やピアニストを数多く輩出している音楽大国。ソ連時代は国家が一部の音楽エリートに徹底した教育を施す体制だったが、ソ連崩壊から20年以上たち、今では音楽を学ぶ層の裾野が広がっており、やはり音楽大国としての底力が感じられ、業績も好調な滑り出しを見せている」

――楽器製造や音楽教育以外の事業の展望は

「ピアノは木材、金属、フェルト、塗料などいくつもの素材が使われ、それらは音響にも影響を与える。そのため当社は創業から今に至るまで数多くの素材について研究し、豊富なデータの蓄積がある。それらを生かし、素材加工を受託するのが素材加工事業。近年、素材の多様化が進み、複合素材も増える中で、当社がピアノ製造で培った素材加工技術は、応用する領域・分野が広がっている」

「浜松は自動車、精密機器などの製造業も盛んであり、それらに当社の素材加工技術が役立つことで、業種を越えてメード・イン・ハママツのブランド力向上に寄与できれば、うれしい」

――金属加工の事業会社は30年以上の歴史がある

「現在、鉄も非鉄金属も品種が増え、板厚や形状などニーズも細分化している。そのような中で当社は、オルガンのリード加工から生まれた精密異形圧延技術を有し、1980年にカワイ精密金属を設立。精密圧延異形板はパワートランジスタ用リードフレームを中心とした半導体材料、コネクター材料からスタートし、今では自動車関連部品にも数多く使われている。同社を含め連結での素材加工全体の売上高は、2015年3月期で約17％に達している」

◆温かい音色を世界に

――社業を通じた夢は

「全ての事業分野でメード・イン・ハママツを誇りにしている。浜松一帯は古くから遠州と呼ばれ、温暖で心地良い風が吹くこの土地を私は愛している。その浜松の風のような温かい音色を、ピアノを通じて、国境を越え多くの人に伝えたいというのが私の変わらない夢だ」

◇

「世界一のピアノ」を造るという創業者の河合小市氏の思いに始まり、それを高級ピアノ「Shigeru Kawai」に結実させた2代目社長の河合滋氏、それを世界に広める3代目の現社長。壮大な約90年にわたる叙事詩はまだ途上であり、これからも続く。

２０１５年6月23日～7月7日 掲載

河合弘隆 かわい・ひろたか

慶応義塾大学法学部卒。1976年河合楽器製作所入社。1989年から現職。2009年ドイツ・クレフェルト市栄誉賞受章。2010年ポーランド共和国功労勲章コマンドール十字型章受章。67歳(2015年7月7日掲載時)。静岡県出身。

株式会社河合楽器製作所

【設立】1951年5月15日
【本社】静岡県浜松市中区寺島町200
【資本金】71億2,200万円
【業務内容】楽器の製造仕入並びに販売、音楽教室・体育教室の運営、金属加工品及び木工加工品の製造仕入並びに販売
【URL】http://www.kawai.co.jp

浜松物語6

山崎　泰弘

春華堂社長

手加減大切に「うなぎパイ」

――1969年に「うなぎパイ」が誕生して46年がたつ

「新商品の開発に取り組んでいた先代が、旅先で『どこの人か』と尋ねられ、浜松と答えたが、相手の人は浜松を知らなかった。『浜名湖の近くだ』というと『うなぎのおいしいところですね』と分かってもらえた。そこで、浜松名物のうなぎをテーマにしたお菓子ができないかと考えた。その頃はまだ珍しかったパルミエというフランス菓子のパイをベースに、職人がうなぎの形に似せようと試作を重ねた」

「当時は高度経済成長期で女性の社会進出が進み、家族が顔を合わせる時間も少なくなった。そこで、忙しい家族が集う夜のだんらんの時間に、コーヒーやお茶と一緒に食べてもらいたいという思いを込めて『浜名湖名産・夜のお菓子　うなぎパイ』と名付けた」

――菓子作りのモットーは

「昔からいう『手加減』が大切だ。『うなぎパイ』でも材料の混ぜ方や、数千層におよぶ繊細なパイ生地の折り方を、日々変化する温度や湿度に合わせて職人が調整している。砂糖も、生地を折る際に、職人が手で振っている。計量してみると、(生地表面に)ほぼ均等に砂糖が行き渡っている」

「原材料は常に厳しく選定している。バターは国産のものでなければ納得のいく味わいが出せない。砂糖も、商品に合わせて特別精製した粒の大きなグラニュー糖を用いている。粒の大きさが最適な砂糖でなければ、生地の膨らみ方が悪くなり、良い食感が出せないからだ。小麦粉も当社の仕様に合わせて国産と海外産をブレンドしたものを使っている。コストはかかるが、お客さまに愛されている味は絶対に変えない」

——1887年の創業以来、128年の歴史がある

「創業者が『甘納豆』を考案し、露天式の菓子屋で売り出し評判になった。2代目も『知《ち》也保《やぼ》』という卵形の最中を作り、全国でも珍しい菓子の実用新案を取得し、全国に名前

が知れ渡った。他にないものを作りたいという社風があるのかもしれない。先代からは『24時間、物事を考え続けていなければ駄目だ』と教えられた」

――創業以来、「三惚《ほ》れ主義」を受け継いでいる

「『1つ、土地に惚れること。2つ、商売に惚れること。3つ、家内に惚れること』という創業者の教えを守っている。土地に惚れるとは、私たちがこの浜松の地に育てられ、商売をさせていただいていることを忘れないということだ。だからこそ浜松の土地を愛し、まずはこの地域の皆さんに感謝し、恩返しをするつもりで商売をしなければならないと考えている」

「商売に惚れ、商いを『飽きず』に一生懸命やるのは当たり前。先代は『会社と家庭はつながっていて、家庭で不和があると仕事にも影響が出る。家庭と仕事のバランスを取るためにも、奥さんとは仲良くしなければならない』と言っていた」

2015年7月14日 掲載

山崎 泰弘 やまざき・やすひろ

法政大学社会学部卒。1970年同社取締役として入社し、1986年から現職。1947年、春華堂の創業家2代目の山崎幸一氏の長男として生まれる。68歳(2015年7月14日掲載時)。静岡県出身。

有限会社春華堂

【設立】1949年12月
【本社】静岡県浜松市中区神田町553
【資本金】500万円
【業務内容】うなぎパイ他和洋菓子製造販売
【URL】http://www.shunkado.co.jp

浜松物語7

山崎　貴裕

春華堂副社長

「食育」と「職育」新たな交流

――「家族」「子供」をテーマに掲げる「うなぎパイファクトリー」設立の中心的な役割を担った

「旧工場が手狭になり、設備の老朽化も進んでいたため、２００５年４月にうなぎパイファクトリーを新設した。子供たちの社会科見学の依頼に加え、近隣の方からもうなぎパイを作っているところを見たいという声を数多くいただいていたが、なかなか応じられなかった。一家だんらんの時間を大切にすることがうなぎパイのコンセプトなので、家族で足を運んでいただき、楽しんでもらえる施設にした。うなぎパイの生産工程を公開するコンシェルジュ付きの見学ツアーなどが好評で、ファクトリー限定のスイーツを楽しめるカフェが２０１５年7月25日に新装開店する」

――日本を代表する産業観光施設として評価が高い

「当初は、お客さまが本当に来てくれるかどうか半信半疑だった。来場者10万人を目標にしたが、開業10周年を迎えた今では年間63万人が訪れるようになり、開業から2015年6月末までの来場者は累計で約562万人に達した。うなぎパイファクトリーは、2010年に経済産業省が実施した産業観光推進有識者会議で、産業観光事業として収益を得て成功しているモデルケースの一つとして紹介された」

――2014年7月、お菓子の新しい文化とスタイルを発信するスイーツ・コミュニティー「nicoe《ニコエ》」をオープンした

「春華堂の旗艦店に加え、昨年に立ち上げた新ブランドの『coneri《コネリ》』と『五穀屋』、ミシュラン星付きシェフの原田慎次氏がメニューを監修するイタリアンビュッフェ『ザ・コートヤード・キッチン』の4ブランドの店舗を運営している」

「『食育』と『職育』をキーワードに、新たなコミュニティーを生むことができる場所になることも目指している。パティシエや和菓子職人などの仕事を間近で見られるライブキッチンを介して、職人と子供たちが声をかけ合ったり、できたてのお菓子をその場で食べていただいたりすることでコミュニケーションを図る。そうする中で、子供たちが『将来パティシエになりたい』などの夢や目標を持つきっかけになればいい。今後、お菓子作りなどを体験できるコーナーも設置する。子供たちが、地元の天竜杉の間伐材で作られた大型の知育玩具などで遊べるスペースも設けた」

――「温故創新」が経営理念だ

「他ではやらないこと、春華堂だからできることを手掛けたい。当社だけでは手に負えない部分も多く、ニコエには日本の食やデザインを牽引《けんいん》する多数のクリエーターに協力をいただいた。地元の方に限らず、日本全国のお客さまが浜松を訪れるきっかけになる、オンリーワンの施設を目指す。『浜松に春華堂という会社があってよかった』と言ってもらえることが、私たちが商売を行ううえでかけがえのない価値だ」

「和の知恵」込めて商品開発

――2014年、「うなぎパイ」の発売以来53年ぶりに新ブランドの「五穀屋」と「coneri《コネリ》」を立ち上げた

「五穀屋は、からだにおいしい和の知恵菓子がブランドコンセプト。古来、日本人の暮らしを支えてきた五穀をベースに、日常の食卓の味として親しまれているみそやしょうゆなどの発酵食品を加え、季節の旬や四季に応じた和菓子のある暮らし方を提案する」

――各商品に「和の知恵」が込められている

「たとえば五穀最中《もなか》『よつ割り』という商品には、お福分けの徳というコンセプトがある。少しずつ分け合うことで聖なる力が働き、一つのまとまった霊力を呼び起こすという古来の考え方だ。五穀豆菓子『千千豆《ちぢまめ》』には、まめに働けるほど健康であることへの思いや、魔を滅するという魔よけの意味を込めた」

「コネリのコンセプトは、パイのある幸福な生活の提案。粉の味わいを十分に引き出し、生地を練る職人の手業にこだわった、日本人のためのパイを全国に広げたい。国産の小麦粉や、みそを粉末にした『こうず粉』などを独自のブレンドで配合した『こねり粉』を開発した。パイをさまざまなディップにつけて食べるディップスタイルの提案にも力を入れている。地元・駿河湾特産のサクラエビを特製マヨネーズにミックスした『桜えびタルタルソース』などが人気だ」

——新ブランドをどう展開していくか

「浜松で少しずつ業容を拡大し、５～10年後には東京や大阪などに出ていきながら、海外進出も目指す。２０１５年８月23～27日に、ミラノ万博の日本館で静岡県主催の『食の都』をＰＲするイベントが行われたが、五穀屋も出展することになり、海外展開については予想以上に早くチャンスをいただいた」

「それに先立ち、２０１５年７月２～４日にミラノ市で開催されたギャルド・イタリー主催の日本食文化紹介展示『七夕祭りパーティー』や、ミシュラン二つ星の『レストラン・クラッコ』で行われた静岡県産品フェアに五穀屋も参加した」

――事業承継を控えているが春華堂をどんな会社にしていきたいか

「地域に必要とされる企業でありたい。地域の皆さんに、どういう形で貢献し、恩返しをしていくのか。そのためにわれわれには今、何ができるのかということを常に考えている。私には菓子作りはできないが、その分、職人が作ったお菓子をどう食べていただき、楽しんでいただくのかということを、父が先代から教わったように、24時間考え続けていく」

◇

春華堂では2015年から、浜松市内に伝わる在来種の粟を地元農家と一緒に育て始めた。そこで取れたアワを五穀屋の菓子の素材に取り入れ、地産地消を進め、さらには世界各国の人々に食べてもらうことが夢だ。同社が手がける、菓子作りを通じた地方創生・地域貢献の一環だ。

2015年7月21日〜7月28日 掲載

山崎 貴裕 やまざき・たかひろ

国士舘大学経済学部卒。2001年春華堂入社。取締役を経て2007年より現職。山崎泰弘社長の長男で、4代目を継ぐことが決まっている。41歳(2015年7月28日掲載時)。静岡県出身。

有限会社春華堂

【設立】1949年12月

【本社】静岡県浜松市中区神田町553

【資本金】500万円

【業務内容】うなぎパイ他和洋菓子製造販売

【URL】http://www.shunkado.co.jp

浜松物語 8

松田 年真

エフ・シー・シー社長

世の中の動き開発に反映

――自動車・オートバイのエンジンの動力をトランスミッションに伝えたり、動力を遮断したりするクラッチを専門に手がける

「当社の二輪用クラッチの世界シェアは51%で、四輪用は10・5%。二輪ではホンダ、スズキ、ヤマハ、カワサキの国内メーカーをはじめ、ハーレーダビッドソンなどの世界の有力メーカーに、当社のクラッチが採用されている。四輪では、当社のクラッチが、ホンダのほとんどのAT、CVT(無段変速機)車に搭載されている」

「創業は1939年で、当初はベークライト樹脂を用い、ピアノの黒鍵などのさまざまな製品を作っていた。戦後間もない1948年、ホンダがオートバイの製造を始めるにあたり、本田宗一郎氏と親交があった当時の社長が『クラッチ板をやらないか』と持ちかけられ、取引が始まった」

――技術の強みは

「（動いているものをスムーズに止め、止まっているものをスムーズに動かす）摩擦材の開発から、クラッチの組み立てまでを一貫生産している。中でもクラッチの性能を大きく左右するのが摩擦材で、紙ベースが主流。その紙を抄《す》く抄造や樹脂含浸・硬化などの工程で、顧客先が求める特性に応じ、材料の配合や投入の順番、温度条件などを変えて、摩擦性能への〝意思入れ〟を行っている」

「独自開発の『セグメント工法』で、クラッチの生産効率および品質を飛躍的に高めた」

――クラッチの進歩が二輪、四輪の性能向上にどう役立つか

「ポイントは燃費向上だ。完成車メーカーの動向をみていると、四輪では燃費規制が約5年スパンで厳しくなっている。各メーカーが規制クリアに向けて技術開発を行う中で、摩擦材からクラッチの組み立てに至るまで、燃費向上に有効な技術をいかに売り込んでいくかが重要だ。たとえば、摩擦係数の高い高μ《ミュー》摩擦材を採用してクラッチ板の枚数

を減らすことも、小型軽量化による燃費向上に寄与する」

「二輪では最近『アシスト&スリッパー(A&S)クラッチ』が好評だ。大型車になるほどエンジンのトルクが大きくなるため、クラッチレバーが固くなる。そこで、レバーをやわらかく動かせるようにアシストを行う特別な機構を設けた。急なシフトダウンなどで強いエンジンブレーキがかかったときに生じる力(バックトルク)を逃すスリッパー機能もついている」

——技術開発のポリシーは

「たとえば四輪では、メーカーが新車の開発に5年程度をかけているケースが多い。ということは、5年先の情報をつかまなければ間に合わないということだ。顧客先の開発戦略や技術動向、もしくは世の中の趨勢《すうせい》を着実にキャッチし、自社の開発に織り込んでいくことが重要だ。いわゆるQCD(品質、コスト、納期)に加え、開発力はもちろん情報収集能力も、これから競争力を大きく左右するファクターになる」

意思決定早めて競争力強化

――二輪・四輪用クラッチ市場をどうみる

「四輪では、国内自動車販売の低迷などでクラッチ販売が減少したが、アメリカ市場は堅調だ。二輪では、インドネシアは2014年度後半から減速したが、インドは中長期的な成長が期待できる。二輪車の世界市場は2014年の5500万台から2020年に6500万台へと拡大する見込みだが、その増加分の大半はインド市場で生じると予想されている。一方、中国市場は400万台程度の減少になるだろう」

――2013年6月の社長就任以来、どんな改革を進めたか

「第9次中期経営計画（2014～2016年度、9中）をスタートさせた。海外のアソシエイツたちに分かりやすいように、スローガンを『Go! Next Stage of Evolution』とした」

「二輪では、インドに設立したクラッチ生産会社の合弁を解消し、100％子会社にした。意思決定を早めて競争力を強化することが目的だ。四輪では、ホンダグループの自動変速機がＣＶＴ（無段変速機）に置き換わってきている影響などでクラッチ販売が落ち込んだ。当社の四輪用クラッチ売上高の6割を占める同グループに、今後も注力していくことに変わりはないが、開発部門と営業部門が連携し、新規顧客への拡販を強化した」

――その成果と今後の戦略は

「ドイツの大手変速機メーカーのＺＦや米クライスラーからクラッチを新規に受注した。アメリカでは経済が回復し、自動車販売台数がリーマン・ショック以前の水準に戻す中、フォードへのクラッチ販売も増加。中国・成都の長安フォードからも、四輪用クラッチアセンブリーや摩擦板を新規に受注した。その結果、ホンダグループ以外の売上高比率が約40％になった」

「２０１５年７月にメキシコに新設した四輪用クラッチ工場での生産を開始した。アメリカでも紙ベースの摩擦材の生産を開始しリスク分散を図る。長安フォード向けの生産も２年目に入った。就任前から『９中』が当社にとって変化の時期になることは承知していた。『９中』で持続的な成長の基盤を強化し、次に来る『10中』への土台を築いていく」

――経営の信条は

「社長就任直後に、役員や海外拠点長、国内部門長に向けて『自覚と総合力の発揮』というサブタイトルをつけたメッセージを発信した。当社はこれまで比較的安定した成長を続けてきたが、慢心してはならない。当社は発展途上で、まだやらなければならないことが数多くあることを自覚する必要がある。また各部門にそれぞれの役割がある中で、『真のグローバル企業になる』という目標に向けてベクトルを合わせることが大切だ」

「真のグローバル企業といっても、外だけを見ているわけではない。国内の顧客先が軸にあるからこそ海外に展開できている。国内の顧客先とは数十年来の良い関係が続いているが、その中で得た仕事のやり方やノウハウを大事にしつつ、海外の顧客先が求めるＱＣＤ（品質、コスト、納期）に対応できる会社が、私の理想とする真のグローバル企業だ」

鈴鹿「8耐」参戦で性能証明

――1988年にモータースポーツに本格参戦した

「二輪レースチームのテクニカルスポーツ（現ＴＳＲ）とジョイントし、部品の供給を始めた。１９８９年からスポンサーとして全面的なサポートを行っている。チーム『Ｆ.Ｃ.Ｃ. ＴＳＲ Ｈｏｎｄａ』は、鈴鹿8時間耐久レース（8耐）で２００６年に初優勝し、２０１１年、２０１２年と連覇を遂げた。２０１３年は惜しくもリタイアし、２０１４年は完走したが40位という成績に終わった。２０１５年の『8耐』の決勝レースでは、終始安定した走りを見せて見事2位に輝いた」

――モータースポーツに取り組んだ理由は

「当社が扱う製品はクラッチなので、一般の方にはエフ・シー・シーがどんな会社なのかをなかなか理解していただけなかった。二輪用クラッチは、ホンダ、ヤマハ、スズキ、カワサキに長年にわたり採用されており、国内では技術・性能が高く評価されていた。1980年代には米ハーレー・ダビッドソンにも当社のクラッチが採用されていたが、海外での知名度は低かった。ヨーロッパではモータースポーツが盛んで、二輪は四輪をしのぐ人気がある。そこで1992年に二輪のワールドGPに参戦した。私もヨーロッパ現地法人の社長時代にワールドGPの世界ツアーを見たが、TSRは125ccクラスで非常に強かった」

――ホンダ創業者の本田宗一郎氏は「レースは走る実験室」だという言葉を残している

「当社のクラッチが、耐久レースできちんと役目を果たしていることが、一つの性能の証明になる。また、新たに開発した技術や製品をレースという過酷な条件でテストすることもできるのも利点だ。エンジンブレーキで生じる力（バックトルク）を低減し、後輪のホッピングやスリップを抑制する『アシスト＆スリッパークラッチ』も生み出され、市販スポーツモデルにもフィードバックされている」

——社員がチームのスタッフとして「8耐」に参加している

「毎年、希望者を募り、20～30人がチームに参加している。彼らはタイヤ交換や給油などのピットワークも担当する。鈴鹿サーキットの近くにある鈴鹿工場の社員が、ピットワークの特別訓練を受けている。別途、毎年２００人以上の社員が応援団として『8耐』に駆けつけている」

「レースには、優勝したときはもちろん、リタイアしたときにも感動がある。普通なら、社内で社員が感動を共有できる機会はそうはない。その意味でも、レース活動は素晴らしいものだと思う」

◇

２０１５年７月26日に行われた「８耐」決勝レースで、６番手からスタートを切った「Ｆ.Ｃ.Ｃ. ＴＳＲ Ｈｏｎｄａ」は見事２位に輝いた。チームのスタッフを務めた社員、応援団として駆けつけた社員の心が一つになった瞬間だった。

２０１５年８月４日～８月18日 掲載

松田 年真 まつだ・としみち

近畿大学商経学部卒。1975年エフ・シー・シー入社。FCC(ヨーロッパ)取締役社長、常務取締役営業・購買統括兼中国事業統括、専務取締役を経て、2013年6月より現職。62歳(2015年8月18日掲載時)。三重県出身。

株式会社エフ・シー・シー

【設立】1939年6月
【本社】静岡県浜松市北区細江町中川7000-36
【資本金】41億7,500万円
【業務内容】自動車・オートバイ・汎用機・その他のクラッチ製造、および フェーシング・触媒の製造。各種生産設備・各種金型(ダイキャスト、プレス)の製作。
【URL】http://www.fcc-net.co.jp

浜松物語９

石川 雅洋

ソミック石川社長

世界品質ボールジョイント

自動車のサスペンションやステアリングに使われている部品「ボールジョイント」。衝撃を吸収したり運転のかじ取りをしたりする必要不可欠な部品だ。浜松生まれのソミック石川（東京都墨田区）は、この部品の国内シェアが5割超の1位、世界シェアも2位と業界をリード。２０１６年5月には創業１００年を迎える。「欧州メーカーに追いつき追い越せ」という技術者の思いが、世界品質への道を開いた。

◆国内シェア5割超

ボールジョイントは、体でいえば関節にあたる部品で、金属製の軸の先についた丸い球が、球を囲む金属や樹脂のシートと摺動《しゅうどう》（すり合わせながらすべらせる動き）したり回転したりしながら、接続部分をつないでいる。走行中の足回りや操舵《そうだ》の安定性を支え、自動車が15万キロメートル走っても壊れない耐久性と、極寒や高温などの過酷な条件でも動作する正確性が要求される。

同社はもともと、浜松の地場産業だった織物業者向けに織機のボルトやナットを製作していた。工作機械メーカー、エンシュウの前身である遠州織機や、スズキの前身でもある鈴木式織機の協力工場になったのも、創業間もない頃だ。

また、豊田自動織機にも試作品を持ち込み、1936年から取引を始めた。その翌年にはトヨタ自動車の協力工場となり、エンジンボルトを納入するなど、進取の精神に富む歴史がある。

1943年に本社を墨田区に移したが、ものづくりの中心である生産拠点は浜松に置いていた。

戦後、トヨタから鍛造技術を認められ、ボールジョイントを作り始めた。1960年代半ば、当時では画期的だった「樹脂シートタイプ」のボールジョイントの製作依頼を受けたことが大きな転機になった。

従来型のボールジョイントは、金属球と金属製のスプリングシートを摺動させていた。金属は摩擦係数が高く、そのままでは焼き付いてしまうため、潤滑用のグリースを定期的に注入する必要があった。

一方、金属球と摩擦係数の低い樹脂を摺動させる樹脂シートタイプのボールジョイントは、摩擦抵抗が少なく、給油不要でメンテナンスフリー化が可能と、いいことずくめだ。

◆技術提携で道開く

ところが、供給された図面にしたがって生産を開始したところ、樹脂シートタイプのボールジョイントは独エーレンライイヒの特許に抵触すると通告された。

思わぬピンチを招いたが、エーレンライヒと技術提携することで乗り切った。鍛造から樹脂成形、金型製作、造機、性能評価までの一貫生産体制が確立できたからだ。

ただ、特許問題は解消したものの、エーレンライヒに対しては、1970年から1987年までロイヤルティーを支払うことになり、ビジネスとしてのメリットは少なかった。

同社は「オリジナルのボールジョイントを世に送り出したい」という強い思いを抱くようになる。

「樹脂分割型」量産に成功

1968年、ソミック石川はボールジョイントの自社開発に着手する。開発担当者に起用されたのは、当時22歳の若手エンジニア、福川孝雄氏だ。

福川氏は16歳で同社の前身である石川鉄工に入社。夜は定時制高校に通うという真面目さが評価され、同年、技術部に異動したばかりだった。その福川氏が初めてエンジニアとして任された仕事が、自社オリジナル技術によるボールジョイントの開発だった。

前例のない仕事に試行錯誤を繰り返す福川氏。新たな樹脂シート型ボールジョイントの構造を模索し、図面を描いては試作を行う日々が続いた。試作品も試験装置も福川氏の手作りだったが、社内には「若い社員に任せよう」というおおらかな社風があった。

◆硬軟質組み合わせ

そんなとき、福川氏はあるアイデアを思いつく。独エーレンライヒの樹脂シート型ボールジョイントは、円筒型の硬質樹脂の中で金属球が摺動《しゅうどう》する構造になっている。そこで福川氏は「同じ樹脂でも、硬質の樹脂と軟質の樹脂を組み合わせてはどうか」と考えた。金属球と硬質樹脂シートを摺動させるだけでなく、軟質樹脂シートも用いて圧力を吸収し、金属球のがたつきを低減させようというわけだ。この構造なら独エーレンライヒの特許に抵触しない。これが1973年にソミック石川が開発した独自技術「樹脂分割型ボールジョイント」である。

だが、念願のボールジョイントの試作開発に成功した後、製品化のハードルはさらに高かった。ボールジョイントは、極寒のシベリアから高温で砂が舞う砂漠地帯まで、過酷な使用環境に耐える性能と耐久性が求められる。自動車メーカーが要求する厳しい品質基準をクリアし、量産に入るまでの立ち上げ作業にも苦労が絶えなかった。

こうした中、ソミック石川はラックエンド用の樹脂分割型ボールジョイントの量産を開始し、メーカーとしての第一歩を踏み出した。1977年には、サスペンションやスタビライザーリンクなどにも展開し、その後、樹脂分割型ボールジョイントに関する約

10件の特許も取得した。現在では、日本車の半数以上にソミック石川のボールジョイントが使われるまでになった。

◆柔らかく優しい動き

１９９６年には、オイルの粘性抵抗などを利用して回転運動の衝撃を吸収したり、動作速度を抑えたりするダンパーも製品化。高級車を中心に、座席シートのリクライニング機構などで〝柔らかく優しい〟動きを作り出すために使われている。ダンパーは、ボールジョイントに続く製品の柱に成長した。

今後の研究開発の柱は、摩擦や摩耗、潤滑に関する技術分野であるトライボロジー。この分野を極め、世界のどのメーカーにも技術力で負けないナンバーワンになることを目指す。

「製造現場の強い会社が一番」

――入社前に、トヨタ自動車に21年間勤務していた

「第一生技部の工具技術課に10年間在籍、機械加工を専門に生産技術の開発、量産化を行った。次いで三好工場（愛知県みよし市）の製造技術員室に移り、不良品の低減や機械の故障対策などを通じ、生産現場をサポートした」

◆トヨタ生産方式普及

――トヨタ生産方式（ＴＰＳ）の普及にも関わっている

「その後、北米の製造統括会社、トヨタ・モーター・マニュファクチャリング・ノースアメリカ（２００６年に新会社に統合）のトヨタ・サプライヤー・サポートセンターに６

年間勤務した。トヨタの仕入れ先以外の米国企業にも、トヨタ生産方式を普及させることが同センターの目的で、日米貿易摩擦たけなわの頃、トヨタ生産方式によるものづくりを通じて米国社会に貢献するという志を持って設立された部署だ。帰国後は、トヨタ生産方式の総本山と呼ばれる生産調査部で働いた」

――トヨタ生産方式を米国でどう指導したのか

「現地スタッフ5、6人とチームを組み、リーダーを立てて『カンバン』や『アンドン』『自働化』などの手法を通じて、クライアントと一緒にカイゼン活動を行った。トヨタ関連以外の会社にも、申し込みがあれば必ず出向き、延べ100社以上の会社を訪問した」

「最も勉強になったのは、リーダーとしていかに人を引っ張るかということだ。QCサークルなどの小集団活動でも同じだが、頭が良く力があり、1人で現場を取り回して結果を出すリーダーもいれば、現場スタッフとの人間的な付き合いを大事にしてチームの和を図るリーダーもいる。自分は後者だったと思う」

「米国では、経営陣はトヨタ生産方式を導入して売り上げや利益効率を向上させたいと思っていても、現場の人は、指導に出向いた私たちのことを『お前は何をしに来たのか』としか思っていないことが多かった。現地でカイゼン活動を行う中で、誰もついてきてくれなくて困ったことは数知れず、現場に行く前に毎日『ダンキンドーナツ』を買い、現場に持って行ったこともある。休み時間にみんなでドーナツを食べながら、『君の現場は大変そうだけど、何か困っていることはない？』といった話をしていく中で、カイゼンの方向性が見えてきた」

◆有能なリーダー必要

――現場で汗を流して見えてきたものは何か

「社内でもよく話しているが、製造業は何があっても現場が元気でなければいけない。

製造現場の強い会社が一番強いという思いがある。元気な現場とその中でリーダーが育っていく会社が、トヨタ生産方式が根付くのだと思う」

「生産現場を歩いていると、何か問題のありそうなところを感じることができる。事務所も同じで、職場がにぎやかで、帳票類やスタッフたちの思いが入った言葉などを貼ってあるところはうまくいっている。逆に、従業員がずっとデスクに座ってパソコンに向かっている会社は、管理はうまくいっていても、従業員一人一人に元気がない。今それで仕事が回っていても、今後それ以上に会社が伸びていくとは限らないと思う」

長期ビジョンを「夢の木」に

——2006年、父が会長を務めるソミック石川に入社した

「2005年に当社の99年の歴史の中で唯一の品質問題が起き、私が入社した頃は会社が暗い雰囲気に包まれていた。ソミック石川という社名は『夢を創造し未来に挑戦する』という企業目標に由来しているのだが、『うちに夢なんてあるのか?』『名前ばかりじゃないか』と従業員が話しているのを聞いた」

◆大先輩に一喝され

「社長になる前に、ある大先輩から『この先ソミック石川をどうしていきたいのか?』と問われ、グローバル化への対応や技術開発が大事だと答えたが、『お前の話していることはさっぱり分からん』と一喝された。夢を創造し未来に挑戦するという企業目標についてもあまり深く考えていなかった。夢という言葉が最初に出てくるにもかかわらず、自分として、その夢とは何かをしっかり考えていなかった。そこで、経営企画担当者として中期経営計画や長期ビジョンを作成していく中で、『自分なら会社をこうしたい』と考えたことを書き留めていった。それをまとめたものが『夢の木』だ」

――夢の木はソミック石川が目指す姿そのものだ

「いきいき（友愛）とやらまいか（挑戦）からなる『SOMIC WAY』を根幹に、枝葉が大きく広がり、実を付け、世界トップのボールジョイントメーカーに成長していくというイメージだ。技術、生産、販売、管理の4つの機能において、それぞれが世界トップレベルになれば、売り上げやシェアは必ずついてくる」

「技術については、ソミックならではのボールジョイントを作ることが目標で、提案のできる技術開発型企業を目指す。生産については、現場の知恵を取り入れた一貫生産ラインを構築し、リードタイムをさらに短縮させる。工法や設備はまねをされても、日々現場を改善する力があれば、新興国もまねすることはできない。販売では、海外拠点との人財交換を通じて仕事を学ばせる『留職』などで、海外で一人でも活躍できるグローバル人財を育てていく。管理については、各職場が活性化に必要なことは何かを考え、自主的に取り組む『いきいき活動』や、クラブ・サークルなどのインフォーマル活動を通じてよりよい人間関係を築き、世界トップの魅力ある会社、職場を作る」

◆社員は「夢の旗」

——社員が自分の夢を記した「夢の旗」がある

「浜松市内のホテルに課長以上の全基幹職150人を呼び、社長就任記念のパーティーを行った。そこで夢の木について語り、『自分はこれを必ず実現させるから、みんなも夢を持ってほしい』と言った。その後、参加者全員に5枚の社旗に夢を書いてもらった。その中には『自分にしか作れないボールジョイントを設計する』『不良ゼロの現場をつくる』『ソミックの歴史に名を残す』など、さまざまな夢があった。最後に自分が『みんなの夢をかなえてみせる！』と書いた。会社の夢とともに、従業員一人一人が『こうしたい』とか『こうなりたい』という夢を持っている会社は絶対に強い」

次の100年へ新たな理念作り

◆社員と対話推進

――石川社長自ら各職場を回り、社員との対話を行っている

「『ラウンドテーブル』と称して月に1、2回座談会を実施している。私が社長に就任してからは、製造現場を重点的に回り、31回のラウンドテーブルを行った。係長から一般社員が対象で、社員一人一人に家族構成や趣味を話してもらっている。私も自己紹介と称して、『夢の木』のパネルを見てもらいながら『自分の夢はこうだ』と話し、『みんなの夢と、今、困っていることを教えてくれ』と話をしている」

――社員と対話し、夢を語ってもらっているのはなぜか

「社長に就任した際、スズキの鈴木修会長にあいさつに行ったら、『お前はソミックで6年しか働いていないのに、会社の何が分かるか。まず、お前がやらなければならないのは、仕事の仲間を作ることだ』といわれた」

――2013年7月に、ソミックで働く社員の夢を、自分たちの手でかなえる「ソミック100夢プロジェクト」を開始した

「2013年8月にアンケート形式で全社員から夢を募り、2014年1月に実施項目を決め、個別プロジェクトとしてチームを立ち上げ、活動計画を作成。2014年1月末に43のプロジェクトが始動した。アンケートを基に、社員の関心が高い生活に身近なアイテム、会社に対する誇りや愛着が持てるアイテム、経営・仲間との信頼関係が向上するアイテムへの投資を決めた」

◆身近な改善図る

――どんなプロジェクトが進行しているのか

「身近なものでは、職場の暑さ寒さ対策やトイレのリニューアル、食堂のリニューアルなどがある。アンケートで意見を出した人や、頑張ってもらいたい人にプロジェクトマネジャーと事務局をお願いした。彼らが7、8人のメンバーを選ぶが、メンバーは部署も担当もばらばらだ」

「トイレも食堂も、自社の状況を調べた上で、自分たちが素晴らしいと思う他社を見学してもらい、どう改善したらいいのかコンセプトを出してもらうところからプロジェクトを始めた。他にも、社員同士のつながりを作る『レク活動の拡大』や、経営者と社員の考えを双方向でつなげていく『経営者と従業員のつながり拡大』などの活動がある。実際に担当している人は大変だが、自分としてもいろいろと勉強になる活動だと思う」

――2016年で創業100周年。どう展開していくか

「これまで当社が100年大事にしてきたものがある中で、次の100年に向け、何を受け継ぎ、何を変えていくかが重要だ。そこで社内で『夢の木委員会』を組織し、新たな企業理念の作成を進めている。私に加え、経営企画部を中心とする9人のメンバーそれぞれが理念を考え、役員たちの案も合わせ、次の100年にふさわしい理念を作っていく」

◇

「ソミック100夢プロジェクト」の一つに「道場の設置」活動がある。同社が目指す道場は学ぶだけに終わらず、社員が仲間を作り、集い、思い思いの活動を行える「元気が出る場」。女性リーダーを中心に「学びたい全ての社員に教育の機会と場を」との思いで施設の建設を進めている。

２０１５年8月25日〜9月22日 掲載

石川 雅洋 いしかわ・まさひろ

金沢大学工学部卒。トヨタ自動車第一生技部、トヨタ・モーター・マニュファクチャリング・ノースアメリカ（TMMNA）、トヨタ生産調査部などを経て、2006年にソミック石川入社。2012年6月から現職。53歳（2015年9月22日掲載時）。静岡県出身。

株式会社ソミック石川

【設立】1916年5月
【本社】東京都墨田区本所1-34-6
【古川工場】静岡県浜松市南区古川町500
【資本金】3億2,400万円
【業務内容】自動車部品（ボールジョイント、ダンパー）の開発・設計・製造・販売
【URL】http://www.somic.co.jp

浜松物語10

青木 徹

静岡大学電子工学研究所 教授

テレビジョン研究の先駆け

――日本のテレビジョン研究の先駆けとなった旧制浜松高等工業学校が、静岡大学工学部と情報学部の前身だ

◆高柳研究室が原点

「高柳健次郎先生が同校の助教授として迎えられ、電視研究室を立ち上げテレビジョンの研究を始めたのが１９２４年。高柳先生は１９２６年に電子式テレビジョンの実験を行い、『イ』の字の撮像とブラウン管での表示を成功させた。同校は１９４９年に新制静岡大学工学部として再スタートし、電子工学研究所は１９６５年に新制大学で唯一の理工系附置研究所として設置された。電子工学研究所は高柳研究室を原点にしている」

——静岡大学の浜松キャンパス内に「高柳記念未来技術創造館」がある

「高柳先生が、実験で『イ』の字をブラウン管に映し出すことに成功してから80周年を迎えた2006年に旧高柳記念館をリニューアルし、翌年11月にオープンした。私も同館の立ち上げや運営に携わっている」

「同館に、高柳先生の戦後の研究ノートが全て保存されている。ノートから、高柳先生が『日本でテレビジョンを普及させるためには何をしたらいいのか』と深く思索していたことが読み取れる。高柳先生は戦前に訪れたアメリカの大学で、研究者たちがチームを組んで研究していることに衝撃を受け、帰国後に全電子式テレビの開発プロジェクトを立ち上げ、チーム研究で開発を成功させた。戦後、日本ビクターに移られた後にも、焼け野原になった日本でテレビジョン放送を実現するため、企業や団体がお互いの枠を超えて連携し、テレビジョン技術の研究開発にあたるテレビジョン同好会（現映像情報メディア学会）の会長を務めた。理系の研究者でありながら、ブラウン管を作るだけでは駄目だ、受像器やカメラばかりに目が行きがちだが、テレビジョンを産業としてみれば、コンテンツを作る人もいれば役者もいると、広い視野で物事を考えていた」

◆「文工融合」を推進

――こうしたスピリットが受け継がれているのではないか

「テレビジョンの研究開発は学問から始まり、それが技術として確立し、産業となり、文化として世界に広まった。今、インターネットがこれだけ世界に普及しているが、元を正せば、かつてテレビで衛星中継が行われた結果、世界中から情報が得られるのは非常に良いことだという認識が広まったことが背景にある。ある学問が技術として確立し、産業、文化として発展していく際、製品やサービスにバリュー（価値）をどう生み出していくかという文系的な知識や知見が必要だ。そこで私たちは『文工融合』による教育・

研究に力を入れている」

「1996年に工学部から独立した情報学部には、理系の情報科学科と文系の情報社会学科が併設されている。当時はまだ黎明《れいめい》期だったパソコンやインターネットが普及すれば、コンテンツや倫理、社会の認識の変化などが問題になることをいち早く見極め、『文工融合』を進めたのも、高柳先生のテレビジョン研究から受け継がれているDNAのようなものが少なからず影響しているのではないか」

画像技術を根本から変革

――電子工学研究所は静岡大学が提唱する「ナノビジョンサイエンス」の中心的な存在だ

「ナノビジョンサイエンスとは、ナノテクノロジーを駆使してナノ領域で光子や電子を

１個ずつ利用したり制御したりする技術。光子や電子を集団統計的に利用してきた従来の画像技術を根本から変革する可能性がある。光をテーマに研究を行っている機関は数多くあるが、イメージング（画像化）技術をベースにした光工学を研究しているのが当研究所の大きな特徴だ。画像の入出力を行うイメージングや画像入出力用のイメージングデバイス技術を中核に研究を行っている研究所は、全国でも例が少ない」

◆８Ｋセンサー開発

――４つの研究分野に分かれている

「ナノビジョン研究部門は（ナノビジョンサイエンス）のキーになる領域で、シミュレーション技術から材料、デバイス研究、システム化に至るまで、イメージングに関する最先端の研究を広く行っている。（静岡大の）川人研究室では、２０２０年の東京オリンピックに向けて開発が進んでいる『8Kスーパーハイビジョンカメラ』のイメージセンサーを、NHK技術研究所と共同研究している」

「極限デバイス研究部門では、月明かりでも鮮明な画像が得られる超高感度イメージセンサーをはじめとする、科学的な観察などの極限状況で使用されるデバイスを開発している。こうした研究が次のサイエンスの開拓に貢献することが多いが、デバイスの極限的な特徴や性能を突き詰めていくと、従来のシリコンウエハーを使ったLSI（大規模集積回路）製造プロセスでは限界に行き当たる。そこでナノマテリアル研究部門では、セラミックスの薄膜とナノ粒子の構造を制御することにより、優れた性質を持つ新素材の開発などに取り組んでいる。生体計測研究部門は生体細胞計測に適用可能なプローブ顕微鏡、光を用いた酸素濃度および血流計測といった、新しい計測装置などを研究している」

——光工学にはどんな可能性があるか

「全体的な方向性の中で、当研究所が次に目指しているのが、健康や医療といった人と関わる分野。なかでも病気になる前の段階で（個人の健康状態を）観察する部分で、私たちのデバイス技術を活用していきたい。健康産業や医療産業で、独自の光とイメージングの技術を駆使して差別化を図る」

◆光工学で健康に

「例えば朝起きて洗面台の前に立つと、鏡側でさまざまなデータを計測し、イメージング技術を通じその日の健康状態をチェックする。こうしたシステムを組み合わせ、普段家に住んでいながら健康状態を常に把握でき、高齢者になっても安心な生活が送れる住宅の提案も行っている。イメージング分野で、何か困ったり何か新しいことをやったりしたいと思ったら声をかけていただけるような研究所にすることを目標にしている」

光の〝尖端〟都市へ4者協力

――2015年2月、「光創起イノベーション研究拠点」が静岡大学浜松キャンパス内にオープンした

◆相互に刺激

「静岡大学、浜松医科大学、光産業創成大学院大学、浜松ホトニクスの4者が文部科学省の『地域資源等を活用した産学連携による国際科学イノベーション拠点整備事業』に共同申請し、2013年3月に採択された。浜松地域の光産業をリードする4者が、一つ屋根の下で光技術のパラダイムシフトを誘発し、『時空を超えて人同士が互いに関わる生活、いつまでも若く安心して有意義な生活を送ることができる社会』を実現すること

を目的としている」

「①波面制御光源による産業・医療分野のパラダイムシフト　②赤外分光計測技術の革新と分子間相互作用の解明　③革新的時空間像構築技術（イメージング）の実用化　④光時空間遠隔制御（光リモート）技術の革新　⑤疾病早期診断システムの実用化　⑥遺伝子光制御ツールの構築　⑦事業化推進システムを革新するイノベーションの研究――を、研究開発課題に挙げている」

――研究拠点の特徴は

「1、2階には、光電子デバイス製作用のクリーンルームがある。5階の研究員室は、オープンスペースになっていて、4者の研究者や学生約100人がそこに籍を置いている。お互いに取り組む分野やテーマの異なる研究者同士が自然に行き来し、刺激を受けやすくなるような環境をつくっている。浜松ホトニクスの中央研究所などでプロジェクトを任されているような人もいれば、これから社会に出る若手もいる。そういう研究者たちが、お互いに啓発し合う場だ」

――**3階には光デバイス関連ベンチャー企業3社が入居する**

「静岡大学電子工学研究所の川人研究室から出たブルックマンテクノロジは、高機能・高性能イメージセンサーの開発・販売を手掛ける。私が最高技術責任者を務めるAnseenでは光子の数を計測するフォトンカウンティング技術を用いた放射線検出器などを扱っている。このほか、客観的な色管理基準を基にした正確な色データの数値化を提案しているパパラボが研究拠点に入居している」

◆共同宣言実現へ

――**静岡大学、浜松医科大学、光産業創成大学院大学、浜松ホトニクスは2013年6月に「浜松光宣言2013」を発表した**

「浜松を光の〝尖端〟都市にするという宣言だ。『世界トップレベルの光の基礎／応用研究が行われる』『世界が望む光製品／光技術が開発される』『これからの光応用産業発展の主役であるベンチャー企業や中小企業が活発に活動する』といった、同宣言に書かれている事柄を具体化し実現していきたい」

◇

静岡大学浜松キャンパス内にある高柳記念未来技術創造館は、市内小学校の社会科副読本でも紹介されており、子供たちや市民の見学の場として開放されている。１９２６年に高柳健次郎教授が初めて『イ』の字の送受信に成功したテレビジョンの仕組みなどが分かる実験・体験コーナーも、子供向けの目線で作られている。

２０１５年9月29日～10月20日 掲載

青木 徹 あおき・とおる

静岡大学工学部卒。1996年静岡大学大学院電子科学研究科博士課程を修了し、同大電子工学研究所で教鞭を執る。2014年4月から情報学部教授。2015年から学長補佐（産学連携担当）。47歳（2015年10月20日掲載時）。愛知県出身。

国立大学法人静岡大学

【設立】1949年

【本校】静岡県静岡市駿河区大谷836（静岡キャンパス）、静岡県浜松市中区城北3-5-1（浜松キャンパス）

【組織】学部（人文社会科学部　教育学部　情報学部　理学部　工学部　農学部）
大学院（人文社会科学研究科　教育学研究科（教育実践高度化専攻）　総合科学技術研究科　創造科学技術大学院 法務研究科）

【URL】http://www.shizuoka.ac.jp

浜松物語11

鈴木 伸和

ASTI社長

情報通信部品を超微細加工

――設立当初は自動車などの潤滑油や石油製品を扱っていた

「戦後の高度経済成長が進み、モータリゼーションの波が押し寄せる中、東京で仕事をしていた創業者の朝元愷融《あさもとけんゆう》（現名誉会長）が、地元の浜松に戻り、1963年にオイルの輸入販売を始めた」

――翌年には、ピアノの鍵盤の動きを伝え、弦をハンマーでたたくピアノアクション部品の組立加工を行っている

「そこから製造業に足を踏み入れたが、今後の会社の成長発展を考え、将来伸びていくことが期待される電気・電子産業への参入を考えた。周囲の勧めもあり、『まずはやってみよう』というやらまいか精神で参入を決めたと聞いている」

「1969年にオーディオアンプの生産を始めたが、その前年から日本楽器製造（現ヤマハ）さんのエレクトーン用ワイヤハーネスの生産も請け負っていた。そこで目をつけたのが、当時、急速に伸びていたオートバイ。スズキさん、ヤマハ発動機さんに技術を売り込み、二輪用のワイヤハーネスの製造を始めた」

――現在は車載電装品、ホームエレクトロニクス、情報通信機器が事業の柱だ

「車載電装品が当社の売り上げの約3分の2を占めている。その中で二輪・四輪用のワイヤハーネスの売り上げが約半数で、二輪用のワイヤハーネスでは国内トップクラスのシェアを持つ。四輪向けのエアコンパネルも生産量が多い。エアコン制御用のＥＣＵ（エレクトロニック・コントロール・ユニット）については、設計から製造までを一貫して手掛け、成型品のパネルと合わせてユニット化した状態で納入している」

「ホームエレクトロニクス分野では、主に全自動洗濯機および食器洗い機の表示基板や電子制御基板を製造している。耐水性・耐湿性・耐振動性の高いウレタン系樹脂で基板をコーティングするポッティングを約30年前から手掛けてきた。より精密な電子回路については、自動車用電装品に用いられるエポキシ樹脂を基板に塗布するエポキシモールディングも行っている」

――情報通信機器分野では、携帯電話の回路基板も製造する

「高密度の回路実装技術を生かして業界最小クラスの0.6×0.3ミリメートルのチップ実装を実現し携帯電話の小型化に対応できる技術を持つ。超高速ＳＭＴ（表面実装）マシンを使って高密度多層プリント基板を製造している。チップの大きさもさることながら、部品間の距離が非常に近い狭隣接《きょうりんせつ》実装を得意にしてきた。今では日本国内で携帯端末の量産が少なくなったが、この仕事を手掛けたことで、微小な部品の実装などの超微細加工技術を習得できた。最近、自動車の小型軽量化が進む中、自動車部品も小型化しているため、情報通信機器分野で培ってきた製造ノウハウが、今後自動車分野でも生かせると考えている」

多品種少量生産に強み

――製造畑での経験が長い

「大学卒業後、当社の前身である太平洋企業に入社し、会社の成長とともに歩んできた。生産を担当し、当初はエレクトーンの束線やポータブルキーボードなどの製造に携わった。ポータブルキーボードは当時のヒット商品で、1日1万台を生産した。その後、携帯電話の回路基板の生産から組み立てまでを一貫して手掛けた」

◆携帯小型化に対応

――生産技術はモノづくりの要の一つだ

「(高密度の回路実装技術や狭隣接実装技術で)携帯電話の小型化に対応できる技術を身

に付けた。機器の小型化の過程で苦労が絶えなかった。最近は数量の多い量産ものは海外に移り、国内では多品種少量生産のモノづくりに変わってきた。1人の作業者が工程の最初から最後までを手掛ける『1個流し』生産方式やセル生産方式など、多品種少量生産に適合したライン作りや工程設計を進める必要がある」

――生産ラインの効率化と高品質のモノづくりを会社の「至上のテーマ」にしている

「従来から生産技術を強化してきた。お客さまから出図される図面に基づき、われわれなりに工程設計を行い、必要となる生産設備や検査機も自前で作り込んできた。この設備にはこんな特徴があり、これを導入することで品質が良くなるとか、タクトタイムが短縮されるというように『ちょっとしたスパイスでいいから、他社とは違うＡＳＴＩならではのノウハウを入れよう』と言っている。その部分をブラックボックス化することが自社の製造技術力強化につながる。そのために、これから何をやっていくかが、われわれが今後製造業として生きていくうえでの大きな課題だ」

――2014年、中国で生産しているワイヤハーネスの生産を一部、ベトナム工場に移管した

「ワイヤハーネスの生産は労働集約的な要素が大きいため、少しでも賃金の安い国や地域に現場を持っていかなければ競争に勝てない。為替動向もあるが、最近さまざまなメーカーが人件費高騰などの理由で、中国から他国に生産を移管している」

「今後は海外でも人件費の上昇が予想される。人手に頼っている部分を少しでも自動化設備などに置き換えていかないと、数年後には人件費の高騰で経営が厳しくなるだろう。今、当社では、国内における既存の仕事の中で(ラインの)自動化・標準化に取り組んでいるが、それらが確立すれば、海外拠点に設備やノウハウを移植することも視野に入れている」

◆何でもチャレンジ

――社長就任3年目を迎えた

「当社のプロパーとして30年以上、会社の強みや弱みも見据えながら、ＡＳＴＩの企業風土の中で経験してきた。真面目にコツコツと仕事を積み上げる社員たちが、『何にでもチャレンジしよう』という気概を持っている。そういう良いところをさらに伸ばしていくべきだと思う」

独自技術の提案を強化

――情報通信機器分野で培った超微細加工技術を生かし、マイクロデバイステクノロジー

の研究開発に取り組んでいる

「2011年11月に医療用マイクロニードルのプロトタイプを発表した。強度の高い生分解性プラスチックであるPGA樹脂を用い、量産可能な精密射出成形で作られている。針尖端の直径は10マイクロメートル（マイクロは1000分の1ミリ）と非常に細く、針幅が260マイクロメートルで針長が1.5ミリメートル。中空構造になっており、注射針のように薬液を送ることができる」

――「痛みのない注射」として、ワクチン投与や糖尿病治療などに貢献する可能性がある

◆市場への提案課題

「針に関してはある程度技術を確立できたが、問題は技術があっても市場ニーズがどうかという点だ。次の課題は、針を皮膚にどうやって穿刺《せんし》するのかはもちろん、マイクロニードルをどうシステム化し、患者さんもしくは病院に、どんなワクチンで使っていただくのかという提案を、市場に対して行っていくことだ。針だけを市場に持って行っても売れない」

「マイクロニードルの有用性は学会などでも認知されているが、われわれだけで事業にしていくことは難しい。浜松医科大学さんと共同研究を進めているが、薬品メーカーなどとも組むことも含めて、事業化の道筋を築いていく必要がある」

――2009年にはモービル・パワーエレクトロニクス分野にも参入した

「電動車両用のバッテリー充電器、モーターコントローラー、ECU（エレクトロニック・コントロール・ユニット）などを、お客さまのご要望に合わせて開発・設計・生産している」

◆汎用型充電器開発へ

「なかでも充電器は、環境意識の高まりを受けて、ＥＶ（電気自動車）やＨＶ（ハイブリッド車）、シティーコミューターなどのニーズが伸びていくだろう。従来、お客さまが使用する充電池の仕様にカスタマイズさせた充電器を開発販売してきたが、今後は汎用《はんよう》型の製品も提供する。ＤＣ／ＤＣコンバーターもさまざまな分野で需要が見込まれるため、汎用型の製品を開発し、お客さまにプレゼンを行っていく」

――今後どんなものづくりを行っていくのか

「現在、ＡＳＴＩのオリジナル製品と言えるのは、自動車メーカーに供給させていただいている自社設計のＡＭ／ＦＭカーラジオが唯一の存在。充電器やＤＣ／ＤＣコンバーターを皮切りに、ＡＳＴＩブランドの製品を、お客さまに広く提供していきたい。その一方で、これまで培ってきた生産技術やノウハウを生かし、われわれ独自の技術として、お客さまに提案することを強化していく」

◇

ＡＳＴＩは、２０１６年３月期～２０１８年３月期の中期経営計画で取り組むことの一つに「会社、社員ともども社格・人格を上げる」ことを挙げている。経営基盤を改善・改革する中で、従業員・顧客・株主・地域社会からみた「社格」がおのずと向上していくことを目指している。

２０１５年10月27日～11月10日 掲載

鈴木 伸和 すずき・のぶかず

大阪工業大学経営工学部卒。1981年、太平洋企業（現ASTI）入社。2004年、袋井工場長。2010年製造本部長、2011年取締役を経て、2013年4月から現職。57歳（2015年11月10日掲載時）。静岡県出身。

ASTI株式会社

【設立】1963年5月

【本社工場】静岡県浜松市南区米津町2804

【資本金】24億7,623万円

【業務内容】車載電装品、ホームエレクトロニクス、情報通信機器、制御機器

【URL】http://www.asti.co.jp

浜松物語12

書馬 明

浜松ホトニクス社長

ノーベル賞の研究支える

――2015年のノーベル物理学賞を受賞した東京大学宇宙線研究所の梶田隆章所長の研究を支えた

「世界最大の水チェレンコフ宇宙素粒子観測施設『スーパーカミオカンデ』（岐阜県飛騨市）に設置された当社の1万1200本の光電子増倍管が、ニュートリノ観測における『目』の役割を果たした。素粒子研究という基礎科学の発展に微力ながら協力できたことは非常にうれしい」

◆人類に貢献

「CERN（欧州原子核研究機構）がヒッグス粒子の存在を確認したことで、2013年にブリュッセル自由大学のフランソワ・アングレール名誉教授、エディンバラ大学のピーター・ヒッグス名誉教授がノーベル物理学賞を受賞したが、そのＣＥＲＮの実験施設に当社の光半導体素子と光電子増倍管が使われている。２０１４年は、世界初の青色ＬＥＤ（発光ダイオード）の開発で浜松市出身の名古屋大学・天野浩教授が同賞を共同受賞した。そして今年の梶田先生の受賞と、３年連続で浜松市がノーベル物理学賞に関係している」

――基礎科学の進歩に貢献している

「梶田先生もおっしゃっていたことだが、『ニュートリノに質量がある』ことが分かったからといって、人々の生活が良くなるわけではない。しかし、究極的には、宇宙の真実をはじめとする基礎科学を探求していくなかで、新しい法則などが発見されていくことが、人類のためになるのではないかと思う」

――世界シェア９割を占める光電子増倍管とはどんなものか

「微弱な光を電子に変換し、それを何百万倍にも増幅して電流を取り出す装置。素粒子研究などの学術用途のほか、医療、分析、計測、産業用に広く用いられている。がん検査に使われているPET（陽電子放射断層撮影）用の光電子増倍管は、ほぼ全てが当社の製品だ」

◆匠の技が大事

――モノづくりに人間のアナログ感覚も生かされている

「光電子増倍管のサイズには広いバリエーションがあり、直径1センチ程度のものから『スーパーカミオカンデ』で使われている世界最大の直径20インチ（約50センチ）の大型のものまである。こうした機器は機械で自動的に製造されていると思われがちだが、匠の技に支えられている部分も大きい。なかでも光を電子に変換する『光電面』を製作する際、表面にアンチモンを薄膜状に蒸着させた後、ナトリウムやセシウムなどと化学反応させるのだが、つい最近まで、現場の作業者がバーナーで管を加熱しながら、微妙な色の変化を見て反応の頃合いを判断していた」

「こうした人の技術が大切だ。超円高時代に多くの企業が生産拠点を海外に移したが、われわれはあえてそれをしなかった。浜松という場所に愛着があるのも確かだが、当社は現場と人で持っている。光電子増倍管にしても、最適な光電効果、すなわち感度を得るには、人の技術や経験に基づく暗黙知が必要だ。そこが浜松ホトニクスの基本的な強みであり、安易に海外に製造拠点を作っても、良い製品ができるとは思えない」

異なる能力足し算「和」重視

――米国の大学でコンピューターサイエンスを学んだ

「子供の頃からクラシック音楽が好きだったので、本当はドイツで化学を学び、余暇に音楽を楽しみたかったのだが、大学進学時に家の事情で米国に行くことになり、米国ならコンピューターサイエンスだと方向転換した」

◆米でIT発展体験

――ITの黎明《れいめい》期から現在までの進化を米国で見てきた

「当時はマイクロプロセッサーの発展期。ビル・ゲイツとスティーブ・ジョブズは私の1歳上で同世代にあたる。インテルのチップ『8080』や『8085』を使い、アセンブラー言語でプログラムをコーディングした。限られたメモリー容量の中にいかにプログラムを入れ込むかに苦労した。それからしばらくしてからPCが登場し、『マッキントッシュ』の誕生や『MS-DOS』から『Windows』への進化を米国で体験した。1984年に浜松ホトニクスに入社し、米国子会社に出向したが、そこでおそらく世界で初めて『Windows1・04』ベースでストリークカメラ（位置や波長における光強度の経時変化を高時間分解能で測定するシステム）の画像処理システム構築を手掛けた。技術者としてソフトウエアを書いていた頃は非常に楽しかった」

――2009年に浜松ホトニクスの社長に就任した

「（前社長の晝馬輝夫）会長のように、トップが高いカリスマ性を持ってどんどん突き進むのも会社の一つの形。だが、これだけ会社が大きくなってくると、『和の心』が重要になる。『和』というと、なあなあな状態をイメージするかもしれないが、私の考える『和』は、それぞれの人が持つ異なる能力を足し算することだ。社員一人一人の能力を足し算すれば、優れた1人の社員が手掛けるものより、ずっといい仕事ができるはずだ」

「光は物質の『糊《のり》』である、という言葉がある。それと同じように、私自身が浜松ホトニクスという会社での『和の糊』になればいいと考えている」

◆「現状維持」なし

——社長就任のあいさつで「会社には『Status Quo（現状維持）』という言葉はありません」と述べている

「常に進化を考えなければならないし、とどまることは後退することと同じ。だが、浜松ホトニクスらしさ、すなわち『ホトニクスイズム』をなくしてはいけないし、変えてはならない。かといって『今と同じようにやっていけば、会社はこのままずっと存続する』という甘い考え方であってもいけない。『人類未知未踏領域への挑戦』という企業理念、現場主義、加えて各事業部が独立採算制を採り、自由に研究を行いながらも収支をきちんと確保するといったカルチャーを大切にしながら、常に進歩していく必要がある」

「最近、当社の理事たちと、浜松ホトニクスとはどんな会社なのか、会社が永続するためには何が必要か、などについて毎月話し合っている。社員が『自分の息子や娘をこの会社に就職させたい』と思えることが、浜松ホトニクスが良い会社であることの条件だと思う」

レーザー核融合開発に力

――今、好調な製品は

「X線CT（コンピューター断層撮影）装置や、がんの診断などに使われるPET（陽電子放射断層撮影）装置、歯科用Ｘ線画像診断装置といった医用機器向けの受注が好調で、２０１５年９月期における通期連結売上高の約40％を占めている」

◆ＰＥＴ装置など好調

「ＰＥＴ装置１台に数百本の光電子増倍管が使われているが、ＰＥＴ向けの光電子増倍管の世界シェアは当社がほぼ１００％。また、歯科用のＸ線診断がフィルムからデジタル画像に置き換わる中で、歯科用イメージセンサーのニーズも増えている。歯科用イメージセンサーには、口腔《こうくう》内に挿入して２、３本の歯の画像を取得するデンタル用や、口の中全体を１枚のレントゲン写真に捉えるパノラマ診断用などがある。世界最高レベルの分解能を持ち、高精細な画像が得られるマイクロフォーカスＸ線源（ＭＦＸ）も非常に好調で、電子回路基板などの工業製品の検査装置に用いられている」

――レーザー技術の開発にも力を入れている

「例えば浜松医科大学と共同で、レーザー血栓溶解という新しい治療法の研究を行っており、『レーザー血栓溶解治療システム』を開発した。血管内の血栓によく吸収されるレーザー光を用い、血栓のみを選択して溶解させ、血流を再開通させることができる」

◆さまざまな応用

――浜松市内にある産業開発研究所でレーザー核融合の研究開発を行っている

「人工的に核融合を起こすことができれば、人類はエネルギーの枯渇と環境破壊の問題を同時に解決できる。われわれが自ら発電所を造って発電事業を行う考えはない。当社としては、レーザー核融合のコア技術であるレーザー励起用の大出力半導体レーザーを作り、レーザー核融合の実証実験ができるところまでやっていく。最終的には国家プロジェクトとして承認されることを願っている」

「レーザー核融合は、実現にはまだ20、30年かかると見込まれる技術で、その頃には私たちの多くが会社を去っているだろう。だが大きな目標を定め、そこに向かって邁進《まいしん》していく中で、新たに生まれた技術をさまざまな分野に応用することができる。レーザー核融合はそれ自体が人類のために非常に役立つ技術だが、その開発の過程で生まれる大出力レーザー技術が、医療もしくは物性分野、すなわちモノづくりなどに広く応用されていくだろう」

——目立たない部分だが、先端科学から生まれるさまざまな応用が、人々の生活の向上に大きく貢献している

「ある高い目標に向かいながら、その途中で他の新しいアプリケーションを発見する『セレンディピティー(思わぬ発見をする才能)』を持つことが大切だ。当社の社員たちも、そういう能力を養ってほしいと思う」

次世代技術若手社員が挑戦

――若手社員たちが10～20年先の実現を目指す次世代プロジェクトを検討した

「2013年に、当社の中央研究所に所属する40歳未満の研究者から希望者12人が参加し、『次世代プロジェクト』が始まった。彼らが普段、研究室で取り組んでいるテーマにこだわらず、若い人たちに、浜松ホトニクスの技術で将来的に何ができるのか、何が必要なのかということを考えてもらうことが目的だ。若手研究者からは当初30件以上のプロジェクト案が提出された」

◆「中赤外」に照準

――その中から、2つの次世代プロジェクトが選ばれた

「一つは『赤外光（可視光よりも波長が長く目に見えない光）の応用』で、近赤外よりも波長が長い『中赤外』と呼ばれる領域を中心に研究開発を進める。センサーや光源では可視光や紫外光、近赤外などを利用するものが多く、中赤外はあまりない。そのため中赤外はこれまで研究がなかなか進んでいなかった。中赤外は、分子と分子を結合することなどに有効で、若手が非常に興味を持っており、『分子の赤い糸をほどいて、生命をつむぐ』というキャッチフレーズを作って次世代プロジェクトを進めている」

「もう一つのプロジェクトが『空間光制御』と呼ばれる技術。１９２６年に旧制浜松高等工業学校（現静岡大学工学部）の高柳健次郎先生が、初めて電子式テレビジョンのブラウン管で『イ』の字を表示させる実験に成功した。それから１００年がたつ２０２６年を目標に、３次元空間に『イ』の字を立体表示する技術を確立したい。『２０２６年までに実現できるかどうか分からない』という声もあるが、若手研究者たちは和気藹々《あいあい》と研究を進めているようだ。高い目標を目指し進んでいく途中で、なかなか面白い成果が出てきている」

◆失敗は将来の糧

──若い世代に期待するものは何か

「（会社から）与えられたテーマ、あるいは自分が知っていることやできることをこつこつとやっていくだけでなく、自分自身で高い目標を設定し、そこに向かってチャレンジしていく精神を養ってもらいたい。たとえ失敗してもかまわない。失敗は将来に対する糧だ。光産業創成大学院大学発ベンチャーでもそうだが、まずはやってみることが非常に大切で、失敗しても、それは次の挑戦に必ず生きる。『失敗したくない』とか『自分がこれまでやってきた、やり方のままでいい』というネガティブな精神は捨てるべきだ」

「ＣＳＲ（企業の社会貢献）のために企業が慈善事業を行うという取り組みがよくあるが、われわれの場合、自社製品を作ること自体が社会に貢献することになるというプライドを持ち、さまざまな分野にチャレンジしていってもらいたい」

「光の先端都市」実現目指す

――今後、会社の発展に必要なものは何か

「当社も売上高が1000億円を超えるようになり、安定した大企業だと思われるようになった。だが、われわれは当社がベンチャー企業として始まった歴史を忘れてはいけない。安定したなかで決まった仕事をこなしていくのではなく、常に『次は何をやるのか』を意識するベンチャー精神が大切で、それが当社が今後発展していくための原動力になる」

――浜松で光産業はどう発展していくのか

「浜松で、光の要素技術を活用したさまざまなアプリケーションを生み出すベンチャー企業がどんどん育っていくことを願っている。また、浜松で新しくビジネスを始めたいという場合にも、光技術の応用を考えていただきたいと思う」

◆ユーザーが産業拡大

「一般の産業は、完成品メーカーを頂点としたピラミッド構造になっている。ところが、光産業は逆ピラミッド型で、光の要素技術を生かしたセンサーや光源を作るわれわれがボトムだとすれば、それを利用しモジュールを作るお客さまがその上位にいる。さらに、そのモジュールを利用してシステム製品を作るお客さまがいて、最終的にはそのシステム製品を使うユーザーさまがさまざまなサービス産業を展開している。ボトムからトップにいくにつれて、産業規模がどんどん広がっていくのが光産業の特徴だ」

◆30のベンチャー輩出

——中心となって設立した光産業創成大学院大学が、ベンチャー育成に貢献している

「光技術を用いて新しい産業を創成することを目的とする博士課程のみの大学院で、『光産業創成を実践する起業家の育成』を教学の柱にして設立された。在学生および教員、同窓生および元教員が起業したものを含めて約30社のベンチャー企業を輩出している。また、企業向けに『レーザーによるものづくり中核人材育成講座』などの講座も開講しており、人気がある」

――2013年に静岡大学、浜松医科大学、光産業創成大学院大学、浜松ホトニクスが「浜松光宣言」に調印した

「浜松の光産業をリードする4者が思いを一つにして、ベンチャー企業を育てていく仕組みを作ることも目的の一つとしているが、今後10年、20年をかけて『浜松に来なければ光の先端研究はできない』といわれるような『光の先端都市HAMAMATSU』の実現に向けて取り組んでいく」

「浜松は織機や楽器、二輪車や四輪車などの産業がどんどん生まれてきた街だ。新しい産業を常に生み出していくことが、浜松地域の将来的な繁栄につながると思う」

◇

晝馬社長は取材の中で、「ある高い目標に向かいながら、その途中で他の新しいアプリケーションを発見する『セレンディピティー（思わぬ発見をする才能）』を持つことが大切」だと述べた。この言葉は「人類未知未踏への挑戦」という浜松ホトニクスの理念と深く関わっている。ベンチャー精神、すなわち「やらまいか精神」が同社の成長のエンジンなのだ。

２０１５年11月17日〜12月15日 掲載

書馬 明 ひるま・あきら

米ニュージャージー州立ラトガース大学コンピュータ・サイエンス専攻卒。1984年10月、浜松ホトニクスに入社し、米ハママツ・システムズ・インクに出向。米ハママツ・コーポレーション社長などを経て、2009年から現職。59歳（2015年12月15日掲載時）。静岡県出身。

浜松ホトニクス株式会社

【設立】1953年9月29日
【本社】静岡県浜松市中区砂山町325-6
　　　日本生命浜松駅前ビル
【資本金】349億2,800万円
【業務内容】光電子増倍管、イメージ機器、光源、光半導体素子、画像処理・計測装置
【URL】http://www.hamamatsu.com

浜松物語13

土屋 隆史

エンシュウ社長

工作機械製造ラインも提供

――浜松地域の地場産業の一つである織機からモノづくりをスタートした

「１９０４年に創業者の鈴木政次郎氏が足踏み式織機の製作を始めた。会社設立は１９２０年で、当初は鈴政式織機という社名だった。その後、力織機や自動織機を手掛ける中で、１９３７年に工作機械の製造を始め、長年にわたり当社の主力製品となったフライス盤を１９３９年に完成させた。現在の主力であるマシニングセンターが完成したのは１９６８年のことだ」

「５０００時間の連続運転でノントラブルの稼働を目標にしている。故障停止が少ないことと、加工スピードの速さが当社の工作機械の命。加工精度を含めて韓国、台湾、中国勢には一日の長があると考えている」

――機器単品の供給だけでなく、生産システムの構築までを請け負っている

「社内では『システム工作機械』と呼んでいるが、輸送機器のエンジン周りの主要部品などを手掛ける顧客先の生産計画に合わせて、マシニングセンターを母機としたＦＴＬ（フレキシブルトランスファーライン）やＦＭＬ（フレキシブルマニュファクチャリングシステム）を納入している。大きな案件では製造ラインを丸ごと請け負うこともある。システム提案から試加工までを行い、顧客先がすぐに設備を使えるところまで作り込む『フルターン・キー』をモットーにしている」

――レーザー加工機にも力を入れている

「国産レーザーの利点を生かすため、浜松ホトニクス製の半導体レーザー発信器を導入し、世界で初めて高出力半導体レーザー溶接システムの製品化に成功した。従来の熱伝導溶接だけでなく、より一層の高密度溶接や切断加工も可能になり、樹脂溶着や焼き入れ、異種金属や樹脂と金属といった異材接合などにも用途が広がっている。従来、炭酸ガスレーザーでは効率が悪かった分野や、これまでレーザーが用いられていなかった分野について、お客さまと一緒に用途開発を行っている。今後レーザー加工機についても、工作機械部門と一体となり、機器単品だけでなく生産システムとしての提供を強化していく」

――輸送機器関連部品の受託生産事業も行っている

「工作機械の製造で長年培った生産システム構築ノウハウと加工ノウハウを生かし、超精密加工が求められる輸送機器のエンジン部品などを生産している。自社の工作機械を使って、エンジン部品を製品に仕上げる中で、機械の使い勝手も含めて見えてきたさまざまな事柄を、当社のモノづくりにフィードバックしているが、この事業がもたらすシナジー効果は非常に高い。機械単品だけを作っているのとは比較にならないほど、製品のインプルーブに大きく寄与している」

積極的な提案で顧客の力に

――海外経験が豊富だ

「前職でヤマハ発動機に１９３８年在籍し、海外勤務を22年間経験した。欧州事業を統括する現地法人のヤマハ・モーター・ヨーロッパ（ＹＭＥＮＶ）があるオランダとインドネシアが長い。オランダでは同社社長と欧州本部長も兼務し、インドネシアでは二輪車用電装部品製造会社（現在はヤマハ・インドネシア・モーター・マニュファクチャリングに合併）の立ち上げに携わったり、二輪販売会社の管理責任者も経験したりした。入社以来、管理畑を長く歩んできたが、海外拠点の管理担当者はいわゆる『何でも屋』。総務から人事、経理、財務まで広く仕事をこなした」

――２０１２年６月にエンシュウの社長に就任した

「ヤマハ発動機時代の海外経験と管理面の強化を期待され、定年退職を機に11年４月に入社し、副社長（管理本部統括）を経て、翌年社長に就任した」

「社長就任以来、キャッシュフロー経営を徹底し、海外現地法人の在庫を圧縮するなど成果も上がった。最近では『稼ぐ力』をどう高めるかが重要になってきている。エンシュウは工作機械を母機にしたシステムアップが得意な会社。それゆえ、お客さまの声をしっかり聞き、ニーズに合った製品やシステムを提供していく『すり合わせ』が非常に大事だが、すり合わせがあまりにも高じると、お客さまに対する提案がなくなってしまう。顧客先の生産技術担当者は、自身の要望をどんどん投げかけてこられる一方で、工作機械メーカーに『自分たちにはないノウハウを持っているのではないか』と期待し、提案をほしがっていることが少なくない。提案のないところにお客さまは価値を見いださない。『すり合わせ』に加えて積極的な提案も行い、双方向の成果を通じて製品を仕上げていくことが大切だ」

――国内および海外の工作機械市場をどうみるか

「中国はこの先、本当に駄目になってしまうのではないかという話もあるが、私自身は、中国経済は『踊り場』にあるのではないかと考えている。一時的には落ち込むだろうが、再び底堅く成長軌道に乗ってくるのではないか」

「最近では、国内工作機械メーカーの受注総額の約4割を内需が占めるようになっている。これまで当社はどちらかというと、外需にフォーカスしたビジネスを展開してきたが、今後は内需もしっかり取り込んでいく。そこで2015年11月26日、本社1階に当社の縦型・横型マシニングセンターやレーザー加工機などを展示するショールームをオープンした。26、27の両日に『エンシュウマシンフェア2015』を開催したが、ユーザーやサプライヤーをはじめ約550人が訪れ、大盛況だった。今後は国内のお客さまとのコンタクトポイントをより増やしていく形で、ビジネスを進めていきたい」

稼ぐ力へ　人材にも先行投資

——どんなポリシーでものづくりを行っているのか

「安かろう悪かろうではなく、日本メーカーとしての誇りを持ってよい製品を世界に出していく。競合先はドイツなどの欧州勢の他に台湾、韓国、中国もあるが、日本製の工作機械に対する信頼感は非常に根強い。年々競争が厳しくなっているものの、日本製の工作機械は台湾、韓国、中国製に対して価格は高いが、まだある程度それが認められている。ということは、お客さまはそこに、品質の差を見て取っているわけだ」

「今のところ、中国製の工作機械は、ほぼ中国国内での使用に限られており、輸出はほとんどされていないのではないか。中国のユーザー自身が、製品を納入する相手先に応じて加工に用いる工作機械を変えており、品質に厳しい分野については日本製の工作機械を優先して使っている。だが、こうした有利な状況が今後何年続くのか、われわれがどれだけのリードタイムを持っているのかは分からない」

――ここで何もしなければ、競争優位性を失う恐れがある

「経営に対する考え方は千差万別だ。限られた経営資源を配分していく中で、次の『稼ぐ力』を養うために、ものにだけでなく人材についても先行投資を行っていく」

――エンシュウをどんな会社にしていくのか

「人にとって、その場所にいることが楽しいと思えることが仕事の一番のモチベーションになる。だから会社は楽しくなければいけない。トイレも食堂もきれいであるという衣食住に関わる事柄をはじめ、人間関係も良い、給与もそこそこ良いという、会社としての基本的な部分をしっかり整えていきたい」

――2020年に設立100周年を迎える

「2020年に向けて、エンシュウはどういう企業を目指すのかという方向性を示すため、中期計画の策定を進めている。100周年は当社にとって大きな節目になるので、しっかりしたビジョンを確立していきたい」
「当社ぐらいの規模の企業が、従来のフィールドを大きく変えて新たに勝負をかけていくことは難しい。その意味で、地味ではあるが、いま自分たちが持っている有形無形の資産を活用し、周辺分野をうまく取り込む形で成長を図っていくことが、最も手堅いと考えている」

2015年12月22日〜2016年1月5日 掲載

土屋 隆史 つちや・たかし

名古屋大学経済学部卒。1973年、ヤマハ発動機入社。特機事業部長、執行役員を経て、2008年ヤマハ・モーター・パワー・プロダクツ社長に就任。2011年にエンシュウに副社長として入社。2012年6月から現職。64歳(2016年1月5日掲載時)。岐阜県出身。

エンシュウ株式会社

【設立】1920年2月5日
【本社】静岡県浜松市南区高塚町4888
【資本金】46億4,085万円
【業務内容】工作機械及び部品の製造並びに販売、輪車用エンジン・バギー車・雪上車・ゴルフカー・マリン及び四輪車の部品加工
【URL】http://www.enshu.co.jp

浜松物語14

國本 幸孝

国本工業社長

パイプ高精度加工で軽量化

――複雑形状の金属パイプ加工技術には定評がある

「自動車のエキマニ（エキゾーストマニホールド）やサイレンサーの関連部品などを主に製作している。プレス金型を用い、曲げと曲げの間に直線部分がない『連続曲げ』やパイプを鋭角に曲げる『極小曲げ』などの独自技術に加え、パイプの径を広げたり縮めたり、肉厚を厚くしたり薄くしたり変化させる技術を組み合わせて高精度の加工を行っている。従来、鋳造や切削、溶接で作られていた部品の一体化や軽量化が可能になり、省エネ、省資源にも貢献している」

――もとは地場産業である織屋を営んでいた。

「昭和30（1955）年代の半ば頃から、織屋だけではやっていけなくなり、プレスも始めた。会社を経営していた父が交通事故で亡くなったのを機に織屋を整理し、ある二輪車メーカーの2次下請けとして、当時大ヒットしたオートバイのマフラーやタンクのプレス加工、溶接作業などを請け負った。作れば作っただけ仕事になった」

「昭和42（1967）、43年だったと思うが、コンパクトタイプのオートバイが売れに売れた。当社は前輪をフロントフォークに留める部品の製作を請け負ったが、自動化で何とかコストを下げようと考えた。最新鋭の溶接機を購入し、ワーク（被溶接物）を載せるターンテーブルなどを作って多い月で10万個を生産した。工夫に工夫を重ねてマフラーやメーンスタンドの溶接作業も自動化を進めたが、少ない人数で利益を出すにはこうすればいいということが分かった」

――2000年頃から四輪分野に進出した

「当時の主力顧客先だった二輪車メーカーからオートバイのメーンスタンドを受注し、この会社が使用するスタンドの9割以上を供給するまでになった。ところが、この会社が海外生産を拡大させたことで仕事がなくなった。会社を畳もうかと思ったが、息子が

『おやじと一緒にモノづくりをしたい』と言ってくれたので、思いとどまった」

「二輪に見切りをつけて四輪分野に進出しようと考えた。自社技術を売り込む中で、ある自動車部品メーカーからパイプの曲げ加工を依頼された。パイプ曲げ用のベンダーを買うにも資金がなかったので、プレスで試行錯誤を重ね、やっとのことで製品を作り上げた。その結果、プレス金型でパイプを鋭角に曲げる『極小曲げ工法』を世界で初めて開発し、当社が手掛けたエキマニパイプなどの製品が自動車に採用された」

――その頃、トヨタ自動車からも部品開発を依頼されている

「2005年にある展示会に出展した部品がトヨタさんの担当者の目に留まり、『この部品をもっと軽く、安くしたい。国本さんのところで何とかならないか』との依頼があった。それがベンチレーションと呼ばれる部品。そこから当社のシンデレラストーリーが始まった」

品質・価格面で新興国に勝つ

──2007年にトヨタのティア1（1次請け）になった

「トヨタさんから開発依頼のあったベンチレーションという部品は、従来はパイプの両端に切削部品をろうづけして作られていた。それを1本のパイプ材から一体加工し、従来品から約45％の軽量化と50％のコスト低減を実現した。左側はパイプを直角に曲げてあり、右側は内径16ミリのパイプを32ミリと2倍に拡管してある。干渉物を避けるためにへこまし成形も施した」

「この技術が、当時調達担当副社長だった豊田章男社長に認められ、２００７年にトヨタとの取引を開始した。独自技術の『極小曲げ工法』で作ったエキマニパイプとともに、このベンチレーションを、経営危機に陥っていた当社を救ってくれた『社宝』と呼んでいる」

――自動化による生産性向上に早くから取り組んだ

「昭和50（1975）年代の初期に、日本で初めて電動式の溶接ロボットが開発されたことを新聞で知り、思い切って9台導入した。同時にプレス作業も自動化しようと考えていたところ、ラインペーサー（ロボットライン）という画期的な送り装置が発売されたので、これも早速9台導入した。当時所有していたプレス機は9台だったが、これらの設備投資により4台ライン、3台ライン、2台ラインに1人ずつオペレーターを張り付け、本来なら9人が必要な作業を3人で済ませることが可能になった。生産ラインを流れるワーク（加工物）に合わせて部品を交換したり、機器設定の変更を行う『段取り替え』の時間短縮にも力を入れたりして、金型を1分以内で交換する『瞬間段取り』も実現させた。たった9台のプレス機をうまく回すことで、確実に利益を出せるようになった」

――2009年の第3回「ものづくり日本大賞」で経済産業大臣賞を受賞した

「パイプ加工の自動化に挑戦し『革新的チューブフォーミングシステム』を開発した。曲げ、拡管、縮管、成型、肉厚コントロールなどの必要な工程を最適な形で組み合わせ、金属パイプを投入すれば、加工から洗浄、製品の箱詰めまでを自動で行える」

――品質だけでなく価格でも新興国に勝つことが信条だ

「国内にいても、モノづくりのやり方次第では勝てる。新興国は、労務費は安いが生産技術が弱い。『革新的チューブフォーミングシステム』では、10工程を要し、本来10人で行う作業が、徹底した自動化により1人で済むようになった。当時、インドネシアの労務費は日本の約6分の1といわれていたが、われわれは10分の1の人数で製品を作れるから、設備の償却費などを含めても価格面で勝てるという自信を得た。ものづくり日本大賞を受賞した製造ラインで生産した自動車部品も、新興国とのコンペに勝ってメーカーに採用されている」

競争せず自分の土俵で戦え

――2011年8月、浜松市浜北地区に工場を新設した

「海外に出るかどうかで非常に迷った。特に自動車関係は数年先の仕事が多く、設備投資に追われ、海外に出るにも資金に余裕がなかった。結局、お金がなく、人も少なく、この規模なりの仕事があったことが、国内での設備投資に踏み切った大きな理由だ」

「その当時、（浜松地域でも）多くの企業が『日本にいたら仕事がない。ヤマハ発動機さんもホンダさんも海外でモノづくりをしている。海外に行けば仕事がたくさんある』と言って中国、インド、インドネシア、タイ、ベトナムなどに出ていった。正直な話、当時は海外に出られる企業がうらやましいと思ったが、今振り返ってみると、あのとき海外に出なかったことが功を奏した」

――新たな「強み」の構築に取り組んでいる

「今でこそ言えることだが、（海外進出に）出遅れたことをチャンスに変えるため、われわれが暗中模索をする中で行ってきた自動化などの取り組みが成功を収めた。ところが最近、大企業を中心に、作業の自動化と内製化を進め、新興国から日本に生産をシフトする動きが活発になってきた。当社が自動化について持っている優位性はいずれ失われると危機感を抱いた」

「だが、旧態依然とした工程を単に自動化するだけではイノベーションにならない。当社にまだ勝っているものがあるとすれば、それは従来2、3個の部品を接合して作っていたものを一体化したり、鋳物などの他の材料で作られていたものをパイプに置き換えるといったアイデアだ。そういう発想ができる人材をもっと育て、『当社に任せていただければ、省エネ・省資源・軽量化に役立つ、こんな面白い部品ができます』ということを、自動車業界にどんどん提案していく」

——今後の戦い方は

「エンジンにしろトランスミッションにしろ、メーカーは常に『機能』を考えている。われわれにとっては、その『機能』の中に入る部品を、いかに安く、軽く、高品質に作るかが勝負で、アイデアを生かせる余地は数多くある」

「『自分たちの世界を作ること』が大切だ。社内では『競争するな、（競合先と）同じ土俵に乗るな。自分の土俵を作って戦え』と話している。われわれが知恵を集めて作った製品や値段で負けたとすれば、自分たちの仕事が下手だったということだ」

◇

国本工業が製作した燃焼式ヒーター排気パイプが、国立科学博物館に1年間展示されたことがある。パイプの中に詰め物をせずに潰し成形を行うという「究極のパイプ加工」が評価されたのだ。「金属はやさしくなでるように曲げてやると、どのようにでも変形する」と國本社長は語る。

２０１６年1月12日〜1月12日 掲載

國本 幸孝 くにもと・ゆきたか

静岡県立浜名高校卒。1965年国本工業所（現国本工業）入社。1983年から現職。68歳（2016年1月12日掲載時）。静岡県出身。

国本工業株式会社

【設立】1970年5月18日
【本社】静岡県浜松市東区貴平町320
【浜北工場】静岡県浜松市浜北区染地台6-3-1
【資本金】2,000万円
【業務内容】自動車部品の製造　金型の設計・製作
製品の開発・設計
【URL】http://www.kunimotokogyo.co.jp

浜松物語15

黄川田 徹

医療法人社団アドベント理事長

手術に特化した鼻専門医院

——東京駅近くに開設した鼻専門のクリニックが注目を集めている

「2008年に前身となる東京サージクリニックを開設し、2012年7月に移転したのを機に鼻のクリニック東京と改称した。最先端で短時間・早期退院（日帰りまたは近隣ホテルに1泊）というスタイルで治療を行う全身麻酔を用いた手術専門施設だ。副鼻《び》腔《くう》炎（蓄のう症）や慢性鼻炎を外科的アプローチで治療することに主眼を置いている。医療保険の範囲内で対応している」

——もともとは浜松市で開業していた

「特に地縁があったわけではなく、新幹線の車内から見た浜名湖の景色が非常に魅力的で移住を決意した。1988年に耳鼻科の個人クリニックを開業した。1998年に施設を移転拡張し、全身麻酔の手術を1、2泊の短期入院で行うサージセンター浜松を開業した。サージセンターとは全身麻酔を用いた手術専門施設といった意味がある。東京、浜松の施設を運営する医療法人社団アドベントも本部は浜松に置いている」

――一般の耳鼻咽喉科では手術のイメージが薄いが

「もともと外科的要素が強い領域だ。ただ、全身麻酔を用いた手術を安全に行うにはたくさんの専門機器が必要となり、開業医では費用負担が重い。また手術に伴うリスクの点などから、一般の開業形態では限界があるのが実情だ」

――開業医となって変化は

「開業してみると、慢性的な鼻炎、副鼻腔炎の患者が耳鼻咽喉科を訪れる患者の大半を占めることに気づいた。投薬治療が主流だが、効果のない患者も少なくない。内視鏡を使うことで、体への負担の少ない手術、後遺症などのない安全性の高い手術、治療効果の優れた手術を模索してきた。１９９７年には慢性鼻炎に対する後鼻神経切断術という新しい術式を確立した。また慢性副鼻腔炎に対しても、従来の手術とは異なるアプローチによる独自の術式を確立するなど、入院のない鼻の手術を実現している。これまでの手術件数は、副鼻腔炎約２万件、後鼻神経切断術１万件、鼻中隔矯正術１万２０００件を実施しており、保存的治療や減感作療法では限界がある難治性のアレルギー性鼻炎・副鼻腔炎の治療に力を注いでいる」

鼻炎改善で生産性向上期待

――著書『こんなに怖い鼻詰まり！』の中で、鼻詰まりが子供の成長に大きな悪影響を及ぼすと指摘している

「内視鏡を駆使し患者負担の少ない術式を確立したことで、以前は手術が困難と考えられてきた小児の手術治療が可能になった。そうした症例の副次的な効果として、鼻詰まりが解消した後で子供の態度に落ち着きが出てきたとか、集中力が付いた、さらには意味もなく動き回る多動性障害、夜尿症などが劇的に改善したといった所見が報告されるようになった。息切れが少なく運動能力が上がったという報告もある。特に小児では睡眠は脳の成長に重要な意味を持つため、鼻呼吸の改善により睡眠が十分取れるようになったことが、心身に好影響を及ぼしている可能性が考えられる」

――鼻詰まりで子供の歯並びが悪くなるとの指摘もある

「サルを用いた実験で、鼻呼吸を一定期間できなくすると下顎の成長が阻害されるとの報告がある。鼻呼吸を再開すると成長は元に戻るらしい。また鼻呼吸を主とすると、通常口は閉じられ舌が上顎と接し、下から圧力がかかるため上顎が横に広がり、その上にある鼻腔《びくう》も広がる。一方、鼻詰まりの人は口呼吸が主となるため、鼻腔が狭くなり、よけいに鼻呼吸がしにくくなる悪循環に陥るとの見方もある」

――昭和大矯正歯科チームと共同研究が始まっている

「矯正歯科ではマウスピースのような矯正器具を用いるが、鼻が詰まっていると器具や治療の選択肢が狭まる。そのため鼻詰まりを先に治療するという連携が始まっている。一方で、鼻詰まりそのものが顔面の骨格形成を妨げ、歯並びを悪くしている大きな要因ともなっているようだ。今後、鼻詰まりを改善すれば顔面の骨の発育が戻るのかなど実証的な知見が期待される。将来的には子供の心身の成長と鼻詰まりの関係性も明らかにできればと考えている」

――大人の場合、鼻詰まり改善効果はどのようなものか

「米国の研究では、鼻炎のあるグループの労働生産性は、ないグループに比べ10％低いとの報告がある。この背景には、鼻詰まりがもたらす睡眠障害があり、これが日中の眠気や集中力の低下に結び付いていると思われる。社会的な問題となっている睡眠時無呼吸症候群は、これまで肥満やへんとう肥大によるのどの狭窄《きょうさく》が挙げられているが、鼻炎による口呼吸の常態化が遠因となっている例もかなりあるとみている。手術を含めた鼻

炎の治療により、QOL(クオリティーオブライフ、生活の質)の向上のほか、生産性の向上、労働安全の強化なども期待できるのではないか」

医師と患者が問題意識共有

——鼻のクリニックでの診療はどのように進むのか

「初診の段階で問診のほか、内視鏡、コンピューター断層撮影装置(CT)を用いた病状の把握を行う。体液と同等の浸透圧に調整した食塩水による鼻洗浄を指導するほか、ステロイド系の点鼻薬、内服薬などを処方し、初診から1カ月間は様子をみる。これで鼻呼吸が楽になるなどの効果が認められれば、原則として手術は行わない。手術が必要な場合は、小児はもちろん、成人でも通常全身麻酔を用いる。手術時間は手術内容によって異なるが、日帰り手術を安全に行うには、30分程度で手術を終了させることが必要。これを実現させるために高度な技術が要求される。術後数時間は出血のリスクのあることから、遠方から来院している患者の場合は近くのホテルに宿泊してもらう。慢性鼻炎はぜんそくと同じ病気で、たとえ手術を行っても鼻炎が完治するわけではない。慢性副鼻腔《びくう》炎も難治性のものが増加している。

このようなことから、術後は年1回程度、定期的に診察し経過を追っていく。手術費用は保険適応となり3割負担の場合、後鼻神経切除の場合で片側8万円程度、副鼻腔炎（蓄膿《ちくのう》症）は片側2万～9万円程度が基本となる」

――クリニック運営で重視していることは

「現在の医療制度の中では薬は開業医でもらい、手術は病院でといった分担治療が志向されている。しかし鼻の慢性疾患に対する治療は一人一人で異なり、手術を含む幅の広い治療を提供することにより、患者の状態に合った最適治療を選択できるようにしている。安全な低侵襲手術の開発・導入で入院不要の治療システムを確立することで、結果的に薬剤や入院にかかる医療費も抑制できる」

――後進の育成についての思いは

「当クリニックでは手術見学を受け入れているほか、これまでも国内外の鼻の手術エキスパートを招いて手術映像を公開するなど、情報の発信に力を注いできた。他の医療施設でも、入院期間の少ない手術、また年齢的な制約の少ない手術を積極的に取り入れられるような状況を創出する手伝いができればと考えている。また、今後は歯科や小児科など他分野との連携も視野に入れていくことにより、鼻呼吸の改善がもたらす恩恵はまだまだ広がっていくはずだ」

◇

黄川田徹氏は、手術で鼻詰まりに立ち向かう医師だ。鼻詰まりは不眠や発達障害をも招き、生活の質を著しく下げると警鐘を鳴らす。鼻のクリニックには、本気で鼻炎を治したいと思う患者が集う。医師と患者が問題意識を共有した治療現場は、やり取りに無駄がなく、創造的で、どこか日本のモノづくり現場の風景と重なる。クリニックのルーツが製造業の聖地、浜松にあるのも偶然ではないように思える。

２０１６年2月2日～2月16日　掲載

黄川田 徹 きかわだ・とおる

岩手医科大学卒。1983年浜松医科大耳鼻咽喉科講師、同年独エアランゲン大HNO-Klinik留学、1991年サージセンター浜松開設。2008年に東京サージクリニック（現・鼻のクリニック東京）を開設して院長に就任。現在に至る。岩手県出身。

医療法人社団アドベント
耳鼻咽喉科サージセンター浜松、
鼻のクリニック東京

【設立】1991年（サージセンター浜松）
2008年（東京サージクリニック）
【本社】静岡県浜松市東区天王町1696
（耳鼻咽喉科サージセンター浜松）
東京都中央区京橋1-3-1
八重洲口大栄ビル（鼻のクリニック東京）
【資本金】2,700万円
【業務内容】耳鼻咽喉科
【URL】http://ent-surgicenter.com/
（サージセンター浜松）
http://nose-clinic.jp/policy/index.html
（鼻のクリニック東京）

浜松物語16

鈴木 勝人

ベルソニカ社長

技術力で顧客と社会に貢献

スズキの協力メーカーとして、主に自動車ボディーの骨格部品の設計・開発・生産を手がけるベルソニカは、２０１６年に創立60周年を迎える。

１９８７年に経営を引き継いだ鈴木勝人社長は、スズキの輸送用機器部品を手がける協力メーカーで構成される「スズキ協力協同組合」の理事長を長年務める。

ベルソニカでは、顧客先の開発スタッフとともに部品のデザイン段階から協業する「デザインイン」に始まり、設計からプレス・溶接・塗装・組み立てまでを一貫して行う「プロダクション・システム」を確立し、高品質・低コスト生産を実現した。

同社の技術力の高さには定評があり、最近では自動車の衝突安全性の向上に加え、燃費向上のための車体軽量化に役立つハイテン（高張力鋼）材の加工技術の開発に力を入れている。２０１５年2月には、東京大学、スズキと共同研究を行った「超高張力鋼自動車部品の製造技術開発」で、第12回新機械振興賞の中小企業庁長官賞を受賞した。開発に成功したのは、自動車ボディーの骨格部品などに多用されている引っ張り強度980メガパスカル級のハイテン材より強度の高い、1180メガパスカル級の「超ハイテン材」による部品の量産化技術だ。超ハイテン材は、従来のハイテン材よりも薄い板厚で必要な強度を確保できるため、車体軽量化に大きく貢献する。

1180メガパスカル級以上の超ハイテン材は、これまで高温で材料を熱する熱間プレスで加工が行われていた。そこで同社はCAE（Computer Added Engineering）による割れ対策などを講じ、常温で加工を行う冷間プレスで部品の量産を可能にした。同社が1180メガパスカル級の超ハイテン材で生産した骨格部品は、2013年3月に発売されたスズキ「スペーシア」に初めて採用されている。

海外展開にも取り組み、2016年にはインド、2012年にはインドネシアにそれぞれ子会社を設立した。鈴木社長は「技術で顧客と社会に貢献できる会社を目指す」と意気込む。

鈴木 勝人 すずき・かつひと

中央大学卒。1966年、ベルソニカ入社。常務、専務を経て1987年に社長に就任、現職に至る。73歳。静岡県出身。

ベルソニカ

【設立】1956年1月
【本社】静岡県湖西市山口630-18
【資本金】1億5,600万円
【業務内容】自動車車体部品の設計、開発、生産
【URL】http://www.bellsonica.co.jp/

2015年3月31日 掲載

浜松物語17

御室 健一郎

浜松信用金庫理事長

地域産業支援に全職員一体

信用金庫は、地域住民や中小企業のため「非営利と相互扶助」を基本理念としている協同組織金融機関。浜松信用金庫は浜松市に本店を置く、静岡県西部地域を営業エリアとした信用金庫である。店舗数は58店舗（うち出張所2）、役職員1044人（2014年12月31日時点、浜松信用金庫単体）。設立65年目を迎え、地域企業と「歩み」をともにし、地域では「はましん」の愛称で親しまれている。

浜松地域は、古くは繊維業が盛んな地域であったが、その後、戦後の高度成長を経て、輸送用機器産業を中心とした中小企業が集積する「ものづくりの街」として発展してきた。

そして、地域産業の変遷と高度化に伴い、「はましん」の役割は事業者へのさまざまな経営サポート機能の提供へと発展し、現在では産業支援の担い手として全役職員が一体となって地域活性化に取り組んでいる。

近年の「情報化や国際化の進展」に伴い、企業経営の在り方や課題は、非常に多岐にわたる。「はましん」では、それらに対し、地元9大学との産学連携協定に基づいた「技術相談」や、各種補助金・助成金などの申請支援、公的機関や大手企業OBとの連携による専門人材派遣など、きめ細やかな経営支援を行っている。

また、地域産業の永続的な発展に資すべく、後継者不在に悩む企業には、事業承継マッチングの仲介を行うなど、「ものづくり」の技術や伝統を後世につなぐ役割を担うほか、地元企業の海外進出ニーズにも応えるべく、2014年1月には、タイのバンコクに駐在員事務所を開設し、海外展開も含む幅広いサポートを行っている。

そして、当地域の活力にあふれた企業を募ったビジネスマッチングイベントを年1回開催しており、今年で9回目となる同事業は県内外から8000人を超える来場者が訪れるなど、全国から注目を集めている。

今後も「はましん」は地域の事業者とともに在り続け、事業者の経営課題の解決に取り組むことで浜松地域の発展と成長に尽くしていく。

2015年3月31日 掲載

御室 健一郎 みむろ・けんいちろう

成蹊大学政治経済学部卒。1968年浜松信用金庫入庫。可美支店長、理事本店営業部長、理事融資部長、専務理事業務本部長を経て、2005年6月から現職。71歳。静岡県出身。

浜松信用金庫

【設立】1950年4月

【本部・本店】静岡県浜松市中区元城町114-8

【預金】1兆5,551億円(譲渡性預金含む)

【貸出金】8,746億円

【出資金】12億900万円(会員76,245人)

【業務内容】預金業務、貸出業務、有価証券投資業務、内国為替業務、外国為替業務、社債受託及び登録業務、附帯業務(2016年3月31日現在)

浜松物語18

鈴木 一久

鈴春工業社長

モノづくりの基本変わらず

２０１５年2月に会社創立55周年を迎えた鈴春工業は、１９５１年に先代の故鈴木春吉氏が浜松市で鈴春木型工業所として創業したのが始まり。１９６０年に鈴春工業有限会社を設立、１９６３年から日本楽器製造（現ヤマハ）のピアノ部品の製造を担うようになった。同社は木型製造業として、樹脂型、木工、木工塗装、試作品、オリジナル家具などの特注品、ピアノフィニッシュの塗装鏡面仕上げ、木製品の修理、改造、組み立て、梱包まで扱う。

事業の基盤は創業時から取り組んでいる木型製造。木型とは製品デザインの検討や製品の機能確認に使われるもので、同社の鈴木一久社長は「モノづくりの原点」と話す。

木型のメリットは価格が安くて丈夫、デザイン変更時などの切削加工が可能なこと。昔から家電から自動車、鉄道車両、航空機などの製品デザイン、機能検証に重用されていた。最近は3Dプリンターの登場でCAD(コンピューター支援設計)で鋳型の直彫りもできるようになったが「細部の精緻で微妙な部分は職人の代わりはいない」(鈴木社長)。

メーン事業であるピアノ部品の製造のほか、管楽器のFRPの設計製造、レジャーカヤックの輸入販売、ネコ用のトイレ(猫砂)の輸入販売なども手掛ける。

「事業の拡大は常に考えるがモノづくりの基盤は変わらない。伝説のスポーツカーといわれるTOYOTA2000GT(当時)の製造時に、ヤマハ技術陣の一角としてわが社の職人が参加していたことは先代からの当社の自慢。鈴春の技術の証明であり、誇りとして社員に伝えている」(鈴木社長)と胸を張る。

2015年4月21日 掲載

鈴木 一久 すずき・かずひさ

日本大学中退。1973年鈴春工業入社。1989年、社長就任。現在に至る。67歳。静岡県出身。

鈴春工業

【設立】1960年

【本社】静岡県磐田市東平松926

【資本金】2,900万円

【業務内容】木型・樹脂型（樹脂加工）、木工塗装、塗装鏡面仕上げ（ピアノフィニッシュ）、3D設計、製品性能評価など

【URL】http://www.suzuharu.co.jp/

浜松物語19

鈴木　直人

小沢電子工業社長

全社で技術力向上取り組み

ヤマハ製エレクトーンのワイヤーハーネスの組み立てからスタートした小沢電子工業は2014年、50周年を迎えた。現在ではプリント基板の実装がメーンで、同社が製造委託を受けた基板がヤマハ製の楽器に数多く使われている。

開発力の強化に早くから取り組み、プリント基板からユニット製品までの設計開発を手がける。電子回路設計・基板設計などのハードウエア開発のほか、組み込み系・制御系のソフトウエア開発、機構設計、ユニットデザインまでを行っている。

また、子会社のマウビックが主に販売を担当し、小沢電子工業がものづくりを手がけ、自社製品や新事業を展開中。独自の音声合成技術を生かした音声再生用ボードが、エレベーターやセルフ式ガソリンスタンドなどの音声ガイド機器に広く利用されている。全日本かるた協会の協力を得て開発・発売した日本初の百人一首読み上げ専用機「ありあけ。」も好評だ。

マウビックでは衛星放送機器・通信機器も取り扱うほか、４Ｋ放送対応の衛星放送中継車を導入し、衛星通信映像伝送サービスも提供している。

小沢電子工業では、従業員の約半数が国家資格「電子機器組立」技能士だ。ハンダづけやネジ締めなどの社内資格制度も設け、２年に１回の資格更新を義務づけるなど、技術力の向上に全社を挙げて取り組んでいる。

２０１５年4月21日 掲載

鈴木 直人 すずき・なおと

工学院大学卒。1989年、小沢電子工業入社。2005年社長就任、現在に至る。51歳。静岡県出身。

小沢電子工業

【設立】1968年10月

【本社】静岡県浜松市東区小池町408

【資本金】1,000万円

【業務内容】電子機器設計、音声合成応用機器、プリント基板実装、ワイヤーハーネス加工、電子機器組立など

【URL】http://www.ozawa.co.jp/

浜松物語20

石川　泰博

協栄製作所社長

試作から量産へ高い対応力

協栄製作所は先代社長の頃から30年以上、ヤマハ発動機とともにオートバイ関連部品の開発を手掛け、技術力を育ててきた。協栄製作所の石川泰博社長は「実験や先行開発に当社の技術者を招き、熱心に教えていただいただけでなく、われわれに部品開発を任せてくださった。図面通りの製品を作る仕事だけをしていたら、おそらく当社は生き残っていなかったでしょう」と振り返る。

売上高の約半数が二輪関連部品で、その大半がヤマハ発向け。オートバイの後輪とフレームとをつなぐリアアームがメーン製品で、ヤマハ発からの受注が１００％。デザイン性と機能、軽量化の厳しい要求に応えている。ヤマハ発のバギーやマリン製品向けにもさまざまな部品を納入。四輪部門ではサスペンションなどの足回り関連部品を手掛けるほか、新幹線のグリーン席や普通席の回転シート下側の脚台も製作している。

「製品設計力×機能評価力×もの創り力」の相乗効果で、材質・工法・機能設計・現場力にわたる総合的な提案力を発揮し、新分野の技術的な要請や顧客ニーズに応えることがモットー。顧客先の要望に応じて技術要素を組み合わせ、ソリューションを提案し、試作から量産につなぐ対応力への評価が高い。先行開発から金型製作、プレスなどの塑性加工、溶接・接着、切削、組み立てに至るまで、技術力には定評がある。

「C（変える）R（走る）C（挑戦）」をスローガンに掲げ、中期経営方針（2014〜2017年）を推進中。「勝てるものを創り、開発力・技術力で高付加価値な事業基盤作りに挑戦する」という事業拡大方針を定め、QDC（品質・納期・コスト）で卓越した「High パフォーマンスもの創り」を実現するための改革に取り組んでいる。2003年にはインドネシアミツバ（合弁）、2004年には協栄ベトナム（独資）を設立し、グローバル生産体制の構築にも邁進《まいしん》している。

自社製品の開発・販売にも積極的に取り組んでいる。鉄道のレール交換に用いられる軽量アルミ山越機や軽量アルミトロッコ、レールスクーターなどの鉄道保全用製品を手掛けるほか、２０１３年には、シニア向け電動アシスト付き四輪自転車「けんきゃくん」を発売。四輪・低重心設計で、転倒の心配が少なく乗り降りが容易。これまで同社が二輪、四輪関連部品で培ってきた高強度アルミ合金の加工・溶接などの技術が生かされている。

２０１５年4月にインテックス大阪で開催された総合福祉展「バリアフリー　２０１５」にも出展し好評を得た。東京、静岡、名古屋を中心に販売ネットワークを構築中で、月50台の販売を目標にしている。

２０１５年5月12日 掲載

石川 泰博 いしかわ・やすひろ

上智大学大学院卒。1978年、協栄製作所入社。1990年社長就任、現在に至る。65歳。静岡県出身。

協栄製作所

【設立】1959年9月
【本社】静岡県浜松市南区金折町1417-10
【資本金】4,000万円
【業務内容】輸送用機器部品製造業（プレス、溶接、機械加工）
【URL】http://kyoei-seisaku.co.jp/

浜松物語21

中村　嘉宏

中村組社長

価値ある暮らしのクリエイター

1910年に現在の浜松市西区で創業し、2015年で105年を迎えた中村組。ハマキョウレックスとは、大須賀正孝会長が1971年に浜松協同運送（同社の前身）を設立して間もない頃からの付き合いだ。同社物流センターの施工も手掛けている。

中村組は、地元で指折りの建設会社で、浜松市役所やJR浜松駅前にそびえる地上高213メートルのタワーを擁する複合施設「アクトシティ浜松」から学校、医療・介護関連施設、オフィス・商業施設、集合住宅、個人住宅までを手掛け、地域の人々の生活を支えている。スズキの湖西工場や同社が浜松市都田地区工業団地に建設を進めている浜松工場をはじめ、民間企業の工場や物流施設の施工実績も多い。

交通インフラから環境・衛生施設、公園などの各種施設にわたる土木事業でも技術力の高さに定評がある。最近では、既存の社会インフラが将来にわたって必要な機能を発揮し続けられるよう「長寿命化」へのニーズが高い。

中村組は、老朽化した下水道などの管渠《かんきょ》を開削工事をしないでリニューアルできる管更生工法や乾式吹付工法による橋脚、耐震補強工事を数多く手掛けている。現在、静岡県と浜松市では、同市沿岸地域の海岸防災林をかさ上げし、浜名湖から天竜川河口まで約17・5キロメートルにわたって海抜13メートルの防潮堤を整備中だ。現場の砂れきとセメント、水を混合したCSGと呼ばれる材料を、被災地以外で本格的な防潮堤に用いる国内初のケースで「浜松方式」として注目されている。同防潮堤の試験施工で、中村組は一部工区の施工を担当している。

最近では、新たな試みとして医療福祉開業支援事業にも注力。社内に医療福祉推進室を設置し、専任の医業経営コンサルタントが「この土地で開業した場合、どれだけの来院者が見込めるか」といったマーケティングリサーチから医院内のレイアウト設計、ファイナンス、各種の医療事務申請、開業後の収支計画の策定に至るまで幅広い支援を行う。

社是は円満なる事業の遂行。中村嘉宏社長は「発注者との関係では、お客さまの満足を超えるように努力し、『いいものをつくってくれた。また頼むよ』と言われるような円満な関係をつくる。同様に、協力会社や近隣住民、従業員、従業員の家族とも円満な関係を構築することを、常に心掛けるのが当社の基本的な理念」と語った。

同社には「住宅や会社、学校、病院をはじめとする人々の生活の場は、われわれ建設産業がつくっている」（中村社長）という誇りがある。快適であったり、地震に強かったり、居心地が良かったり……。顧客に喜ばれる建物をつくり「価値ある暮らしのクリエイター」（中村社長）となるのを目指している。

2015年6月16日 掲載

中村 嘉宏 なかむら・よしひろ

山梨大学卒。1990年、中村組入社。2002年社長に就任、現在に至る。57歳。静岡県出身。

中村組

【設立】1910年1月
【本社】静岡県浜松市中区住吉5-22-1
【資本金】1億5,500万円
【業務内容】総合建設業(土木・建築・舗装他の施工および設計・監理)、不動産業など
【URL】http://www.nakamura-gumi.co.jp/

浜松物語 22

岡本一雄会長
岡本邦明社長

浜二ペイント

塗装施工に芸術的価値

河合楽器製作所の創業者、河合小市氏（1886〜1955年）と仕事上で面識があり、今なお現役で働いているのが、浜二ペイントの岡本一雄会長だ。1924年生まれの91歳。「創業した頃の小市さんを知っているが、本当に御苦労された。寡黙で、ひたすら製造に励んでいた印象が強い。一方、2代目社長の河合滋さんは私より2つ年上で、明るい社交的な性格で、度量があり、よく一緒に遊んだ」と述懐する。

浜二ペイントは現在、塗料の製造・開発から、顧客の要望に応じた塗装施工、塗装ラインの構築までを総合的に手掛ける。1949年に岡本氏が創業社長として設立。今では河合楽器製作所が国内で生産するピアノについて塗装ラインを全てシステムアップし、塗料も供給している。

2代目となる岡本邦明社長は「ピアノの塗装は美しい外観をつくると同時に、音響とも完璧に調和しなければならない。繊細な調色をした上で、塗装膜の厚さはミクロン単位での精度、乾燥後は最適な硬度が求められる」と述べる。例えば、ピアノの黒色について岡本会長は「黒にもさまざまな黒があり、深みのある漆黒《しっこく》が美しい。その表面は鏡のように演奏者や聴衆の姿を反射し、時に人の内面まで映す。コンサートホールの照明を浴び、透徹した気高さを漂わせる。ピアノは美しい音色と美しい外観の奇跡的な一致により芸術的な価値を伴う」と言う。

2015年7月7日 掲載

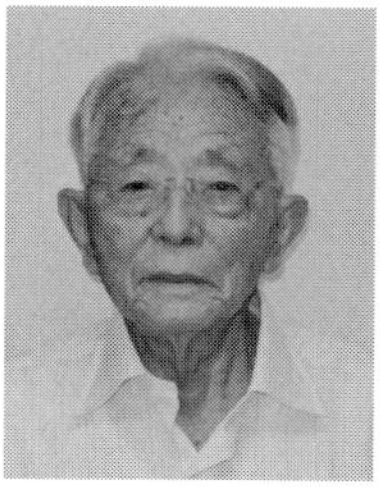

岡本 一雄会長　岡本 邦明社長

【会社概要】浜二ペイント
【設立】1949年6月
【本社】静岡県浜松市南区若林町2530
【資本金】5,000万円
【業務内容】塗料の開発・製造、塗装の工程管理、塗装ライン構築
【URL】http://www.hamanipaint.hybs.jp/

浜松物語23

嶋 和彦

浜松市楽器博物館館長

音楽の全てが詰まっている

「ここには音楽の全てが詰まっている」と話すのは、浜松市楽器博物館の嶋和彦館長。同館には打楽器、弦楽器、管楽器、鍵盤楽器、電子楽器など世界中のほぼ全ての地域、時代、種類の楽器と音楽や資料など計約1300点が常時展示されている。

嶋館長は「ただ展示しているだけではない。一つ一つの楽器や音楽には背景、歴史があり、そういった目に見えないものも文化人類学（民族学）、歴史学の視点から触れてもらえる内容となっている」と説明する。

その中には、現存する世界最古のピアノとしてメトロポリタン美術館（米ニューヨーク）に展示されている、クリストフォリが1700年頃に製作したピアノを復元したものもある。河合楽器製作所はこのピアノの復元に協力しており、「考証を加えて忠実に再現されている」（嶋館長）という。

同博物館では、古い歴史的価値のある楽器を使った演奏会なども実施している。嶋館長は「それぞれの楽器が、それが使われていた時代にどのような音色を響かせていたのかを五感で感じてもらえたらうれしい」と語る。

同館では、これらの演奏を録音してＣＤに収め、「浜松市楽器博物館コレクションシリーズ」として、アルバム50点以上を販売。音楽教育の場や音楽愛好者の間で、人気の高い商品となっている。

前職は大阪府豊中市の公立中学校の英語教師だった嶋館長。「音楽に興味がなかった人や嫌いだった人が、当館を通じ、音楽の魅力を知るきっかけになれば」と期待している。

２０１５年7月7日 掲載

嶋 和彦 しま・かずひこ

京都大学卒。1994年より楽器博物館開設準備に携わる。学芸員を経て2004年、館長就任、現在に至る。61歳。大阪府出身。

浜松市楽器博物館

【設立】1995年4月

【所在地】静岡県浜松市中区中央3-9-1

【開館時間】午前9時半〜午後5時

【休館日】毎月第2・4水曜日（祝日の場合は翌日、8月は無休）、館内整理・施設点検日、年末年始、臨時休館日

【展示内容】世界全域の楽器、楽器に関する資料。演奏会、講演、ワークショップなども開催

【URL】http://www.gakkihaku.jp/

浜松物語24

宮木 和彦

ミヤキ社長

妥協しない表面処理で高評価

アルミは、軽くて強くリサイクル性の高い金属で、工業製品の高機能化や省エネニーズの高まりとともに、さまざまな構成部品がアルミに置き換わるようになってきた。

そこで重要性が高まっているのが表面処理だ。耐食性が高いアルミは一般に、表面処理を行わずに使われることが多いが、使用環境に応じた処理を施すことで、用途をより拡大することが可能。陽極酸化と呼ばれる処理を行い、アルミの表面を保護する被膜をつくるアルマイト処理がよく行われる。

ミヤキは、前身の宮木鉄工所時代の１９７６年からアルマイト処理を手がけてきた。処理後の表面の粗さが小さく、耐食性・耐クラック性などに優れるアルミダイカスト向けの「ヴィル12」、硬質クロムメッキに匹敵する硬度を実現する「クロダイズ」、撥水《はっすい》性や耐食性、耐薬品性を高める「ＷＲコート」、マリン製品の部品で採用実績の多いダイカスト向け高耐食性アルマイトの「MDプロセス」などのラインアップをそろえる。

中でも高い評判を得ているのが「カシマコート」だ。硬質アルマイトと呼ばれる処理を施すと、アルミ表面に硬度の高い被膜ができるが、それを摩擦や振動の多い場所に使うと、かじりや焼き付きなどの問題が生じる。そこで同社は、硬質アルマイト被膜に潤滑性を持たせたカシマコートを開発した。

アルマイト処理を施すことで、アルミ表面に生じる被膜には、1平方センチメートル当たり数十億～数百億個の微細な孔がある。その孔の中に潤滑性物質である二硫化モリブデンを生成することで、硬くてなめらかな被膜が出来上がるのだ。

硬さに加えて潤滑性を持っているため、「従来、ベアリングやブッシュなどの軸受け部品を設けていた場所にカシマコートを施した部品を用いることで、部品同士を直接摺動させることができるようになる」と、宮木和彦社長は語る。カシマコートを施したアルミ部品の表面にラッピングなどの加工を行い、規定の表面の粗さに仕上げることも可能だ。

カシマコートは、二輪車のサスペンションに加え、エンジンのロッカーアーム、ピストン、プーリーなどに広く使用されている。エフ・シー・シーの二輪用アシスト&スリッパー(A&S)クラッチにも採用されている。

2010年には、マウンテンバイクやオートバイなどの緩衝装置やサスペンションの世界的メーカーである米フォックス・ファクトリーから、「カシマコートを使用したい」と電話があり、マウンテンバイクのサスペンション用アルミチューブにカシマコートが採用されたという。

ミヤキは医療分野への進出も目指しており、2015年11月に独デュッセルドルフで開催される医療機器、医療技術・サービスの国際展示会「COMPAMED」に出展する予定。「お客さまを安心させよう」「みんなが働きやすくなるにはどうしたらいいかを考えよう」「どうすればもうかるかを考えよう」の3つを行動指針に、品質に妥協しないものづくりに邁進《まいしん》している。

2015年8月18日 掲載

宮木 和彦 みやき・かずひこ

日本大学短期大学卒。1993年、ミヤキ入社。2014年社長就任、現在に至る。49歳。静岡県出身。

ミヤキ

【設立】1981年11月
【所在地】静岡県浜松市西区桜台1-12-15
【資本金】1,000万円
【業務内容】陽極酸化処理
【URL】http://www.kashima-coat.com/

浜松物語25

石川 治利

アスキー社長

「車の関節」精密切削を確立

浜松地域の地場産業である織機などの機械部品や自動車部品を手がけてきた揚子《ようず》工業など、計5社が合併し、2000年2月に新たなスタートを切ったのがアスキーだ。「明日を開く鍵（キー）」が社名の由来。

ソミック石川との付き合いは揚子工業の前身である楊子製作所が1947年に創立されて以来のこと。主にソミック石川の主力製品であるボールジョイントの切削加工を請け負っている。

「車の関節」にも例えられるボールジョイントのボール部分について、アスキーは通常の精密球面切削の精度を上回る精密鏡面切削技術を確立し、摺動《しゅうどう》部分の滑らかな動きを実現。

ボールジョイントは、その部品の不具合や故障が重大な事故につながる自動車の重要保安部品の一つで、特に高い品質と強度、耐久性が求められる。加工はもちろん品質管理にも細心の注意が必要なため、日産数万本量産されるボールジョイントの加工に加え、製品検査についても品質とスピードを極限まで追求する必要があった。

アスキーでは検査の迅速化にも積極的に取り組み、球面や丸棒の表面粗さについて測定時間を従来の1分から1秒以内へと大幅に短縮した光学式粗さ計を自社開発し「生産スピードよりも速い検査装置」を実現した。

アスキーはまた、テンプルと呼ばれる織機部品の国内唯一のメーカーでもある。織機で布を織る際、経糸《たて》に緯糸《よこ》を打ち込むときに生じる「折り縮み」によって、経糸がリードと呼ばれる部分に接触し、リードが摩耗したり、経糸が切れたりしてしまう。そうした不具合を防ぐために、縮んだ布を外側に引っ張るために使われる部品がテンプルだ。

アスキー製のテンプルは、国内織機メーカーの新規台のほとんどに採用されており、同社によれば世界シェアは約75％超。

「以前は、テンプルを製造していたメーカーが国内に2社ありましたが、もう1社が撤退したため、困っていたお客さまが数多くいたのです。ところが最近、日本にもまだテンプルメーカーがあることが徐々に知られるようになり、当社がご相談を受ける機会が増えてきました」と石川治利社長はいう。

従来は織機メーカー中心の営業だったが、テンプルは織機で織る生地に合わせて変える必要があるため、織布メーカーからの問い合わせにも対応している。また織布に傷をつけないゴムを利用したゴムリングテンプルも昨年開発し、本格的に拡販を開始した。炭素繊維などの新素材をはじめとする、従来の織布以外の産業用資材への用途拡大や新技術の開発に力を入れていく。

2015年9月22日 掲載

アスキー

【設立】2000年2月
【所在地】静岡県浜松市南区鶴見町2381
【資本金】8,000万円
【業務内容】自動車部品、バギー・ゴルフカー・
スノーモービル部品、織機部品、樹脂（着磁）成形品
【URL】http://www.usky.co.jp/

浜松物語25

鈴木 正孝

浜松光電社長

次世代センサー開発に注力

浜松光電の設立は１９６７年にさかのぼる。前身の中村紡織は、浜松地域の地場産業である織物業を営んでいたが、浜松テレビ（現・浜松ホトニクス）から光半導体の一種である可視光導電素子の生産を委託されたことをきっかけに事業転換を図り、浜松テレビの関連会社として浜松光電を設立した。

同社はそれ以来、各種センサーの開発・生産・販売を一貫して手がけている。なかでも、ＡＭＲセンサー（強磁性体磁気抵抗素子）と半導体式圧力センサーにおける技術開発力には定評がある。

磁界の強さに応じて電気抵抗値が変化する磁気抵抗効果を利用するＡＭＲセンサーは、水道・ガスメーターの流量検出や、ＯＡ・ＦＡ機器などでの位置検出および角度検出、変位検出などに利用されている。またＡＭＲセンサーは、モーター制御に欠かせないエンコーダー（回転センサー）にも用いられており、溶接ロボットをはじめとする各種産業用ロボット向けの需要も増えている。

また、半導体式圧力センサーは、電子血圧計や全自動給湯器用の水位センサー、プリント基板に電子部品を実装するチップマウンター、建設機器などのさまざまな用途に使われている。

同社のセンサーはシリコン基板やガラス基板、シリコン製ダイヤフラムの表面に金属の薄膜を生成させる微細加工薄膜技術がベースになっている。

「浜松ホトニクスさんの仕事で半導体製造技術などを勉強させていただくなかで、薄膜技術や微細加工技術、ボンディング技術などを身につけました。それらを生かして自分たちの製品を作ることができないかと模索したのです」と、鈴木正孝社長は自社技術の開発について語る。１９８０年からは、「ハイブリッドＩＣ」をキャッチフレーズに掲げ、センサー単体だけでなく周辺回路の設計製作を含めたユニット化を進めてきた。

「センサーが分かったうえでの周辺技術」が、同社のものづくりのポリシー。センサーを熟知した人が、センサーの特性を生かした周辺回路を作り、顧客の要望に応える価値を提供していくことが競争力の源泉だ。

今後、自動車の自動運転やセンサーネットワークの普及とともに、各種センサーに対する需要が増加することが期待されている。同社は、センサーの心臓部となる薄膜に新素材を採用した次世代センサーの研究開発などに力を入れている。

２０１５年12月15日 掲載

鈴木 正孝 すずき・まさたか

静岡大学卒。1994年、浜松光電入社。社長に就任、現在に至る。72歳。静岡県出身。

浜松光電

【設立】1967年4月
【所在地】静岡県磐田市宮本249-9
【資本金】7,950万円
【業務内容】AMRセンサー、圧力センサーおよび各種センシングユニットの開発・設計・製造・販売、浜松ホトニクスグループとしての光センサー製造
【URL】http://www.hkd.co.jp/

浜松物語27

伊藤　浩二

浜松電子プレス社長

電極部品を自社で一貫生産

1974年に浜松テレビ（現・浜松ホトニクス）のグループ企業として設立された浜松電子プレスの名付け親は、浜松ホトニクスの晝馬輝夫会長。晝馬会長は、同社が世界的なブランドとして掲げる「浜松」と、物質を構成する素粒子の一つである電子を合わせて「浜松電子プレス」と名付けた。

同社の主力製品は、浜松ホトニクスの光電子増倍管をはじめとする電子管の電極部品だ。2015年のノーベル物理学賞を受賞した東京大学宇宙線研究所の梶田隆章所長の研究を支えた「スーパーカミオカンデ」に用いられている光電子増倍管の電極部品製作も手がけた。

今から約25年前、伊藤浩二社長はまだ入社して間もない頃にスーパーカミオカンデ向けの光電子増倍管の電極部品の製作に携わった経験がある。伊藤社長は東京大学の小柴昌俊特別栄誉教授と同様に、梶田所長がノーベル賞を受賞したニュースを見て、「あのとき自分が手をかけた部品がこんな形で役立つとは思ってもみなかった。先輩方の努力のたまものだ」と振り返る。

浜松電子プレスの強みは、各種部品製作を含め、金型製作からプレス量産までを一貫して自社で手がけていることだ。

「かつては金型を製作する際、図面だけではなかなか伝わらない事柄が数多くあり、すべての工程を社内で手がけなければいいものが作れない時代がありました。そこで当社は、ものづくりの最初から最後の工程までをこなせるように、さまざまな工作機械を設立当初よりそろえてきました」と、伊藤社長は言う。

だが、NC（数値制御）機器の登場以来、工作機械が急速に進歩し、最近では機械をそろえれば、ほぼ図面通りの製品ができるようになってきた。「当社が、お客さまが納得してくれるものを目指しているのはそのためで、そこを取ったら当社の存在意義はなくなります」と伊藤社長は強調する。

浜松電子プレスは、次世代の加工を取り入れたものづくりやファイバーレーザー加工機による微細加工に挑戦する一方、これまでの金型製作で蓄積された属人的な経験や勘を数値に置き換えた加工方法の確立を模索してきた。

同社は２０１５年12月、本社工場を静岡県磐田市の向笠地区に移転した。今回の移転は、２０２５年の実験開始を目標に計画が進められている、「スーパーカミオカンデ」をさらに進化させた「ハイパーカミオカンデ」用の光電子増倍管の部品製作に向けた生産体制を整える目的もある。

２０１５年12月15日 掲載

伊藤 浩二 いとう・こうじ

東海工業専門学校卒。1984年、浜松電子プレス入社。2012年社長に就任、現在に至る。52歳。静岡県出身。

浜松電子プレス

【設立】1974年4月
【所在地】静岡県磐田市向笠竹之内1359-11
【資本金】9,500万円
【業務内容】電子部品の薄板金属プレス加工、精密プレス金型の設計・製作、精密治工具の設計・製作、金型および装置類の精密部品加工、微細レーザー加工および試作品の製作
【URL】http://hamamatsu-dp.co.jp/

浜松物語28

古久根 靖

古久根社長

「日本人が作る鋳物」に誇り

古久根が本社を置く愛知県碧南市は、浜松市から電車で約2時間の場所にある鋳物の街。「当社がいまあるのはエンシュウさんのおかげ」と古久根靖社長は言う。エンシュウはいまでこそ工作機械が主力だが、世界一の織機メーカーとうたわれた歴史を持つ。ところが戦後の繊維不況を機に、織機が斜陽産業になるにつれて、エンシュウも1970年代後半頃から工作機械へのシフトを決断。鋳造工場を閉鎖し、鋳物製造を外部にアウトソーシングすることにした。その主たる「受け皿」になったのが古久根である。エンシュウから訪れた技術者たちから手取り足取りの指導を受ける中で、鋳物技術を高めていった。

鋳鉄鋳物を手掛ける同社の現在の主力はIT関連装置、工作機械、水道関連部品など。IT関連装置ではパソコンや携帯電話をはじめとする電子機器の基板を作る実装機のフレームやベース、工作機械ではコラムやヘッド、水道関連部品ではバルブや異形管などを手掛けている。なかでも特筆されるのがチップマウンターと呼ばれる、プリント基板に部品を配置する表面実装機のフレームだ。従来、鉄板の溶接構造で作られていたフレームを振動吸収性の高い鋳物で作れないかという相談がソニーから舞い込んだ。図面を見た古久根社長も頭を悩ませるほどの薄肉かつ複雑形状だったが、難題を克服した。

そのベースになったのが、同社が得意とするフラン自硬性鋳造と消失模型鋳造という2つの技術のメリットを併せ持つ新鋳造法の「ハーフキャビティモールド」だ。同技術の開発により高鋼性、軽量化かつ複雑形状への対応が可能となり、2012年の「第4回日本ものづくり大賞」で優秀賞に輝いた。

鋳物工場は、火と砂を扱う作業環境の厳しい職場。「そのため、かつては人材確保に苦労した。鋳物工場に若者が来てくれるだけでもうれしかった。だから、若者たちにいかに楽しく働いてもらうかを真剣に考え、彼らと一緒に日本でやれるものづくりに特化してきた」と古久根社長は言う。「外国人作業員に頼らず、世界一繊細な鋳物を作ることができる日本人の手で鋳物を作る」ことがポリシーだ。

古久根 靖 こぐね・やすし

函館大学卒。1988年、古久根入社。製造、開発、営業を経て2000年に社長に就任、現在に至る。53歳。愛知県出身。

古久根

【設立】1950年12月
【所在地】愛知県碧南市須磨町1-22
【資本金】9,100万円
【業務内容】IT関連機械・工作機械・公共用水道管など、鋳物部品の製造販売
【URL】http://www.kokune.net/

2016年1月5日 掲載

浜松物語29

南陽 良幸

ナンヨー社長

安心して使える製品を提供

ナンヨーは中・大型鋳物に強みを持ち、重量7トン程度までの製品に対応。鋳物の製作から機械加工までを自社で一貫して行っている。工作機械関連では、エンシュウなどに向けて、高い加工精度や耐久性が要求されるマシニングセンターなどの主要構造材であるベッドなどを供給。産業用機械では、新聞輪転機などの印刷機械用フレーム、業務用大型冷凍機の部品を手掛けている。1994年にタイ東北部のナコンラチャシマ県に合弁会社「M.N.T.」を設立し、日系自動車・電機メーカーに向けに自動車部品や空調機器用部品などを生産している。進出が早かったタイでは系列に左右されず、鋳物部品について広く日系メーカーに頼られる存在になっている。

合弁会社は2014年度に最高益を記録したほか、同年6月にはタイ第2工場も新たに稼働した。第2工場では、工作機械や産業機械向けのほかプレス金型向けの部品を生産。最大重量4.5トンの大型鋳物にも現地でいち早く対応し、差別化を図る。

目下、景気低迷が続いているタイでの大型投資は圧縮する一方、製品の品質とともに人材の質の向上により注力していく。合弁会社のマネジメントや技術部門のしかるべきポジションに日本人を配置し、現地で操業する日系企業のユーザーの安心感を高める。国内では製造ラインをスリム化し、工作機械と産業機械にシフトを図り、質の充実を目指す。

「ここからが勝負」と南陽社長は語る。こと試作や新規開発案件については、きょう出図された図面通りの製品をあす納入することを求められるのも日常茶飯事。製品の仕様や品質などに対する顧客の要求も日々目まぐるしく変化する中、機敏な対応力に加え、図面などで顧客から何を要求されているのかを正確に読み取る「アンテナ」を高く掲げ、量産立ち上げまでの期間短縮を図っていく。

南陽社長は「開発型のものづくりを通じて市場にさまざまな提案をしていく必要もありますが、まずはお客さまからいただいた図面に基づき、安心してお使いいただける良い製品を提供していく」と話している。

南陽 良幸 なんよう・よしゆき

帝京大学卒。1997年 入社。取締役を経て2010年社長就任。46歳。静岡県出身。

ナンヨー

【設立】1949年3月
【所在地】静岡県磐田市駒場4820
【資本金】1億4,956万円
【業務内容】鋳鉄鋳物の鋳造および切削加工
【URL】http://www.nanyo-co-ltd.co.jp/

2015年8月18日 掲載

浜松企業家列伝

著者

産経新聞社
編集委員・論説委員 兼 特別記者
田村 秀男

ジャーナリスト
加賀谷 貢樹

ジャーナリスト
高山 豊司

この本は、2015年3月3日～2016年2月16日に
フジサンケイ ビジネスアイにて連載した内容を編集したものです。

発行日　2016年5月30日

編集・発行人／大石二朗
発行所／株式会社エフジー武蔵
〒156-0041東京都世田谷区大原2-17-6
Tel. 03-5300-5757　Fax. 03-5300-6610

印刷・製本所／凸版印刷株式会社

ISBN978-4-906877-91-1